DU DRAINAGE.

DU DRAINAGE

ET DE SON APPLICATION AUX TERRAINS

DU DÉPARTEMENT DE LA MEUSE,

par **M. Em. RAILLARD,**

Ingénieur des ponts et chaussées,

CHARGÉ DU SERVICE HYDRAULIQUE DU DÉPARTEMENT
DE LA MEUSE.

BAR-LE-DUC.

TYPOGRAPHIE DE Numa ROLIN,

IMPRIMEUR ET LITHOGRAPHE,

Rues Voltaire 4, et de la Rochelle 21 (*bis*).

—

1852.

DU DRAINAGE

ET DE SON APPLICATION AUX TERRAINS

DU DÉPARTEMENT DE LA MEUSE,

par **M. Em. RAILLARD**,

Ingénieur des ponts et chaussées.

CHARGÉ DU SERVICE HYDRAULIQUE DU DÉPARTEMENT
DE LA MEUSE.

1.º Exposé préliminaire.

Les progrès dont la science de l'agriculture est susceptible,
dans l'état actuel de nos connaissances, préoccupent à juste
titre beaucoup d'esprits distingués de ce temps-ci, non seulement en France, mais encore en Belgique, en Allemagne et
surtout en Angleterre. Faire rendre à la terre tout ce qu'elle
peut rendre sans s'appauvrir, mettre en valeur les trésors encore stériles qu'elle recèle dans son sein, tel est le problème
vers la solution duquel concourent activement, depuis une
vingtaine d'années, des études nombreuses, des travaux considérables, dans presque toutes les branches des sciences mécaniques et naturelles. De puissants encouragements donnés
aux sociétés d'agriculture, des lois importantes, des mesures administratives nombreuses et remarquables témoignent
de la haute sollicitude des gouvernements sur ce point; et,
bien que la France se soit laissé devancer par les nations
voisines, on doit reconnaître cependant qu'elle marche dans
cette voie d'un pas énergique et persévérant, et que l'on peut
entrevoir le moment où notre industrie agricole ne le cédera

pas à celle de l'Angleterre et de l'Allemagne, sous le rapport de la perfection des méthodes et de l'importance des résultats.

Deux grands faits surtout sont venus dans ces dernières années appeler chez nous l'attention des économistes sur cet ordre de travaux, je veux parler de la disette de 1847 et des misères industrielles de l'année suivante.

Vers la fin de juillet 1847, dans une séance de la société d'encouragement, M. Dumas, son président, depuis ministre de l'agriculture et du commerce, s'exprima en ces termes : « Votre conseil a été vivement ému des malheurs que » cette année a dû enregistrer; mais en sondant la plaie, il » l'a été davantage encore à la pensée que ces malheurs s'ac- » cordent avec beaucoup d'autres faits pour démontrer que » la nourriture de la nation, *même en temps ordinaire*, est in- » suffisante..... » Ces paroles alarmantes, émanées d'une si haute autorité, sont bien propres à provoquer de sérieuses réflexions, et l'on tremble à la pensée des désastres dont notre pays eût été le théâtre, si, en 1848, les récoltes avaient manqué, comme l'année précédente, dans une grande partie de l'Europe. Ce malheur, grâce à Dieu, n'arriva point ; mais le danger n'a pas disparu, et, sans même que nos troubles politiques vinssent accroître le désordre, il suffirait de deux années consécutives de disette pour plonger une immense partie de la population de la France dans la plus affreuse misère. Signaler le mal, c'est indiquer le remède. Il n'y en a pas d'autre que l'accroissement de la production, et ce résultat pourrait être obtenu sans difficulté et dans un très prochain avenir, si les cultivateurs et les propriétaires, mieux éclairés sur leurs intérêts, voulaient abandonner de vieilles routines condamnées par l'expérience, entrer hardiment dans la voie féconde que leur ouvrent en même temps les progrès de la science et ceux de la législation, et, faisant trève à de mesquines rivalités, former ces associations si nécessaires à l'amélioration du sol, dans l'état de morcellement de la propriété qui existe aujourd'hui dans notre pays. Personne n'ignore, en effet, que nos méthodes agricoles exigent encore de nombreux perfectionnements, que notre pays présente d'immenses étendues de terrains absolument incultes, que le régime de presque tous nos cours d'eau non navigables est dans un désordre complet qui occasionne aux terrains riverains d'incalculables dommages, en raison de la vaste échelle sur laquelle ils se produisent, (le département de la Meuse seul est arrosé par 446 cours d'eau qui, pris ensemble, présentent un développement total de 500 lieues au moins), que la plus grande partie de ces eaux, qui pourrait être si heureusement et si économiquement utilisée par des associations d'irrigation, s'écoule en pure perte pour l'agriculture, qu'enfin, et c'est là le point sur lequel je veux insister, la production des terrains cultivés serait presque partout exaltée dans une proportion extrémement considérable, si l'on parvenait à les débarrasser de l'excès d'humidité qui retarde et souvent arrête la végétation des plantes utiles.

Les travaux qu'il y aurait à faire dirigeraient donc vers l'agriculture un nombre immense de bras, et ce serait là un moyen puissant et efficace de dériver ce courant qui porte continuellement les ouvriers des campagnes vers les grands centres industriels, circonstance où le philosophe et l'économiste voient de graves dangers pour l'ordre social, en même temps que pour la moralité et le bonheur des classes pauvres. Cette face de la question a surtout acquis une importance considérable depuis que l'on a vu les perturbations apportées dans l'existence des populations ouvrières en 1848, par la suspension du travail national, et les expédients stériles, coûteux et pleins de dangers, auxquels on crut devoir recourir au milieu de cette crise terrible,

Parmi tous ces travaux, celui qui est le plus propre à remplir le double but, d'accroître la production et d'augmenter en même temps le nombre des ouvriers agricoles, est l'opération connue sous le nom de *drainage*. C'est aussi le travail qui donne les résultats les plus prompts et les plus remarquables en comparaison des moyens employés. Enfin, et cette considération n'est pas la moins importante, c'est celui dont l'application est la plus facile. En effet, il n'exige pas impérieusement, comme les redressements de cours d'eau ou la construction des canaux d'irrigation, l'association d'un plus ou moins grand nombre de propriétaires, divisés, la plupart du temps, par des conflits d'intérêts ou par des rivalités locales ; et, par la nature même du travail, un propriétaire isolé peut, la plupart du temps, convenablement *drainer* son terrain sans demander aucune concession à ses voisins, et en usant seulement des droits que la loi lui confère. En outre, on peut à volonté étendre cette opération à une vaste surface de terrains, ou la restreindre dans les étroites limites d'une expérience, de manière à n'aventurer ses fonds qu'à coup sûr. Enfin, bien que dans quelques cas on agira avec prudence en se procurant l'intervention d'hommes spéciaux, on peut dire que généralement un cultivateur intelligent, qui aura examiné avec soin l'exécution de travaux de ce genre ou étudié un bon ouvrage traitant de cette matière, pourra diriger sur sa propriété un drainage même compliqué, sans crainte de s'exposer à quelque grave mécompte.

Ayant été amené par diverses circonstances à étudier la question du drainage, j'ai pensé, d'après les considérations qui précèdent, que je pourrais rendre quelques services aux propriétaires et cultivateurs du département de la Meuse, en appelant leur attention sur cette importante opération, d'autant plus que ce département, outre qu'il est un des plus favorisés sous le rapport de la quantité et de la distribution des cours d'eau qui l'arrosent, est également, en raison de la constitution géologique de son sol, un de ceux où les travaux du drainage paraissent les plus nécessaires et semblent devoir produire les effets les plus heureux. J'ai donc réuni et condensé les résultats des recherches que j'ai faites dans plusieurs ouvrages spéciaux et dans divers recueils périodiques, et ces lignes ne sont pas autre chose qu'une simple analyse et souvent même une copie textuelle des passages les plus remarquables de ces publications, destinées à épargner le travail assez fastidieux par lequel j'ai dû passer, aux personnes qui voudraient acquérir quelque notion de cette science encore si peu connue chez nous, et déjà si populaire dans la Grande-Bretagne.

Il existe en Angleterre un grand nombre de procédés de drainage plus ou moins ingénieux et plus ou moins coûteux. Mais je n'exposerai ici que les méthodes les plus répandues, les plus économiques et les plus applicables à la nature des terrains qui composent le sol du département de la Meuse.

7.° Influence nuisible d'un excès d'humidité sur la végétation.

Ainsi que l'expose M. Payen, dans un rapport dont il sera parlé plus loin, la théorie et la pratique s'accordent à reconnaître le grave inconvénient des eaux qui restent stagnantes à la surface ou dans l'intérieur du sol : elles perdent leur oxigène, désagrègent les radicelles des plantes terrestres les plus usuelles, tiennent dans l'inertie les composés salins que recèlent les argiles, dissolvent et absorbent les principes nutritifs des engrais qui n'ont plus alors qu'une action presque nulle, et excitent la végétation des plantes impropres à la nourriture de l'homme et des animaux.

Dans les terres poreuses et légères où l'écoulement des eaux se fait avec facilité, quand la pluie tombe sur le sol, elle le traverse, déplace et renouvelle l'air qui remplit ses pores, lui apporte les principes fécondants que contient l'atmosphère et entraîne les substances nuisibles à la végétation qui ont pu s'amasser dans le sous-sol. L'humidité dont ces terres ont été saturées pendant l'hiver disparaît aux premières chaleurs du printemps, et celles de l'été exercent toute leur action au profit de la récolte.

Mais il n'en est pas de même des terres qu'on appelle fortes ou froides, et qui doivent cet état à la présence d'un excès d'humidité dans le sol plus ou moins argileux qui les forme. La présence continuelle de l'eau donne à ces terrains une compacité qui retarde et entrave le travail de la charrue, et qui empêche les racines des plantes de s'étendre et de se ramifier autant qu'il conviendrait pour les besoins de la végétation ; le renouvellement de l'air intérieur, que l'expérience a prouvé être si précieux à la croissance des récoltes des terres cultivées, ne s'y opère jamais ; les substances nuisibles s'accumulent dans le sol et le rendent malsain et funeste aux racines ; l'eau des pluies, au lieu de s'infiltrer dans la terre, coule à la surface et la dégrade si l'inclinaison est un peu forte ; enfin, la plus grande partie de la chaleur de l'atmosphère étant employée à évaporer l'eau superficielle ou intérieure, la végétation n'en retire qu'un faible profit et la récolte est peu abondante, tardive et de mauvaise qualité.

Ces inconvénients ont été remarqués depuis longtemps, ils ont attiré d'une manière toute particulière l'attention des agriculteurs, et c'est pour les faire disparaître qu'a été inventée l'opération du drainage qui consiste non seulement à dessécher les marais proprement dits et les terrains marécageux, mais encore, et c'est là le point important, à assainir les terres froides, et en général tout sol où la végétation a à souffrir de la manière dont les eaux y séjournent ou s'y distribuent.

3.º Définition et histoire du Drainage.

En Angleterre, on appelle drainage (du verbe *to drain*, faire écouler, assécher) tout travail ayant pour but de purger la surface ou la masse intérieure du sol d'un excès d'humidité nuisible à la croissance des plantes utiles.

Dans le principe, on ne pratiquait qu'un drainage de surface, c'est-à-dire que l'on n'enlevait que les eaux qui courent ou séjournent à la surface des terres. Ce travail consistait dans la construction de rigoles à ciel ouvert, peu profondes (0,25 à 0,75), tracées parallèlement entre elles, ou autrement dans le terrain à assainir, et aboutissant à un tronc commun destiné à l'éloignement définitif des eaux. Ce système est en usage depuis longtemps et dans tous les pays; mais il présente de nombreux et graves inconvénients. En effet, ces rigoles, à cause des herbes qui retardent l'écoulement, doivent avoir une pente assez forte (0m 005 par mètre au moins), et par conséquent on rencontre souvent des terrains peu inclinés auxquels ce moyen d'assainissement est inapplicable; elles exigent de fréquents curages et un entretien qui, à la longue, devient très dispendieux; elles rendent le pâturage impraticable dans un terrain ainsi entrecoupé de fossés; enfin elles occupent un espace considérable en raison de la faible inclinaison qu'il faut donner aux talus pour qu'ils se maintiennent, et cet espace se trouve perdu pour la culture; de telle sorte que pour amoindrir cet inconvénient qui frappe surtout les yeux du propriétaire, on ne fait jamais ces saignées assez profondes ni assez multipliées pour assainir complétement le sol.

. Aussi ce système n'est-il jamais employé que pour des marais proprement dits, ou pour des terrains marécageux de très
faible rapport, car il faut que la dépense assez considérable
qu'entraîne l'opération soit compensée par l'augmentation
de produit que donne l'amélioration obtenue, toute impar-
faite qu'elle soit. Il résulte de là que l'on n'a jamais appliqué
ce mode de dessèchement aux sols humides où l'on ne voyait
pas l'eau stagnante à la surface ou très près de la surface, et
que ces terrains restèrent longtemps sans être l'objet d'aucun travail d'assainissement, bien que l'on comprît parfaitement tout le préjudice que causait cet excès d'humidité.

. Le drainage profond et systématique est d'une date relativement assez récente..

Néanmoins le drainage profond n'était pas inconnu chez
les Romains, bien qu'il ne fût pas pratiqué systématiquement
et avec les précautions convenables pour assurer le succès
complet de l'opération ; on lit, en effet, dans Palladius, les
les instructions suivantes, rapportées par M. Henry Stephens
(Guide du Draineur) : « Si la terre est humide, il est possible
» de l'assécher au moyen de saignées destinées à attirer et
» recueillir les eaux. Les saignées découvertes sont bien con-
» nues ; les saignées couvertes seront établies de la manière
» suivante : on ouvrira, à travers la pièce de terre, des tran-
» chées de 3 pieds (0^{m}914) de profondeur, que l'on remplira,
» jusqu'à moitié de la hauteur, avec de la pierraille ou du
» gravier ; les tranchées seront ensuite remblayées jusqu'au
» niveau du sol avec la terre qui en avait été extraite. Les
» saignées couvertes viennent aboutir à un fossé ouvert, et
» l'on doit ménager la pente des divers ouvrages, de telle
» sorte que l'eau puisse être conduite hors du champ, sans
» qu'aucune des parties de ce dernier puisse rester désor-
» mais soumise a son action délétère. Si la localité ne pré-
» sente pas les pierres voulues en quantité suffisante, on
» peut leur substituer des broussailles, des fagots, de la
» paille ou du menu bois quelconque. »

On voit que ce système était déjà préférable au précédent,
puisque la culture de la pièce à assainir ne perdait pas la
moindre parcelle de terrain, et que l'entretien des saignées
était considérablement diminué ; mais la profondeur indi-

quée pour les tranchées devait être trop faible dans la plupart des cas, et d'ailleurs il paraît que ce mode d'assainissement, ou ne fut pas assez vulgarisé, ou tomba en oubli.

Le drainage de surface, c'est-à-dire par saignées découvertes, fut donc le seul appliqué pendant un laps de temps très considérable, et ce ne fut qu'en Angleterre, sous Cromwell, que reparut le drainage profond.

Le capitaine Walter Blig adressa au protecteur un ouvrage dont la troisième édition est de 1652, et qui contient des instructions claires et précises sur le drainage par tranchées dans les marais et les prairies. Ces instructions, citées par M. Thackeray *(Philosophie et art du drainage)*, sont très remarquables par les excellents principes sur lesquels elles s'appuient, et par la forme biblique, nette et incisive dans laquelle elles sont écrites, comme un grand nombre d'ouvrages anglais de ce temps-là; aussi m'a-t-il paru intéressant d'en donner ici quelques extraits : « Quand tu voudras ouvrir une tranchée, dit le capitaine Bligh, tu auras soin de la faire assez profonde pour qu'elle aille jusqu'au fond de l'eau froide, qui nourrit la pierre et le roseau; quant à la largeur, fais ce que tu veux; mais, pour sûr, fais assez large pour que tu puisse aller à fond, c'est-à-dire aussi bas qu'il y aura de l'humidité. Cette humidité gît d'ordinaire sous la première et deuxième couche de la terre, sur quelque gravier ou sable, ou ailleurs, là où de plus grandes pierres sont mêlées avec l'argile; il faut que tu creuses dessous au moins la valeur d'un fer de bêche. Suppose que cette corruption qui alimente et nourrit le roseau soit à une profondeur de 4 pieds (1^m 22), il faut que tu ailles au fond, si tu veux faire un drainage utile ou retirer le plus d'avantage de ton opération, sans laquelle ton eau ne pourra avoir son bon écoulement. Quoique l'eau engraisse naturellement, cette froideur et cette humidité sont pernicieuses au-dedans; et, si l'on ne les en éloigne pas, elles dévorent ce que l'eau a engraissé; et ainsi la bonté de l'eau se trouve, de fait, filtrée, cachée et étanchée dans la terre, laissant glisser et se perdre et sa richesse et sa fécondité. »

Ailleurs, l'auteur ajoute : « Fais seulement tes tranchées

» assez profondes, et ne les éloigne pas trop de l'humidité,
» et je te garantis que tu dessècheras ce qui était sous l'hu-
» midité, l'ordure et le venin qui nourrissent le roseau, les
» joncs et les glaïeuls, et alors crois-moi, ou renie l'Ecriture
» sainte (ce que j'espère que tu n'oseras pas faire). Bildad
» disait à Job : *Le roseau pousse-t-il sans la vase et le jonc*
» *sans l'eau* (Job VIII, 2)..................... Je suis obligé de
» répéter certaines choses à cause de la commodité de ce à
» quoi elles s'appliquent, et aussi à cause de la lenteur des
» gens à les saisir, ainsi que cela résulte de l'absence de la
» mise en pratique. Si vous faites des tranchées, rarement
» vous verrez que l'on a été jusqu'au fond. »

Quant à la distance entre les tranchées, il ne prescrit pas
de règle positive : « Si la terre, dit-il, est saine et plus
» sèche, ou si elle va plus en descendant, tu pourras laisser
» couler l'eau plus largement; et, suivant que la terre est
» humide, mauvaise, chargée de roseaux, règle-toi là-dessus
» pour la largeur. »

Le capitaine Bligh critique ensuite avec infiniment de raison les tranchées superficielles ou peu profondes : « Quant à
» ces tranchées ordinaires et nombreuses, souvent tortues,
» ainsi que l'on fait d'ordinaire dans les terrains maréca-
» geux, à un pied ou à deux pieds (0^{m}303 ou 0^{m}610), je dis :
» allons, mettez cela de côté, car c'est là une grande folie,
» peine perdue, gaspillage ; je désire bien les épargner au
» lecteur, et lui faire faire des expériences plus profitables.
» Quant à la destruction du marais, rien n'y fait : on enlève
» seulement un peu de l'eau tombée du ciel ; mais on n'affai-
» blit pas du tout la nature marécageuse du terrain. »

Enfin, tout en reconnaissant que son système est plus
dispendieux, mais plus efficace et plus durable, il décrit
ainsi l'emploi des tranchées couvertes, profondes, qu'il pro-
pose : « Tu mettras au fond de ces tranchées de bons fagots
» verts de saule, d'aulne, d'orme ou d'épine, ou plus soli-
» dement encore des cailloux ou silices ; puis tu rempliras
» le fond de la tranchée jusqu'à la hauteur de quinze pouces
» (0^{m}375) environ ; tu prendras ton gazon comme il a été dit,
» en mettant le vert par-dessus, et ayant soin de faire cou-
» per la motte de gazon juste de la grandeur de la tranchée,

» pour qu'elle soit bien remplie et que tout se touche et se
» serre de près ; puis, couvrant le tout de terre et nivelant,
» comme le reste du terrain, tu attendras qu'il advienne un
» étonnant effet avec la bénédiction de Dieu. »

Les observations du capitaine Bligh sont d'une justesse singulière, notamment pour ce qui concerne la profondeur à donner aux tranchées, leur espacement et la critique du drainage de surface. Il est curieux aussi de constater que c'est le premier auteur qui ait fait une distinction tranchée entre l'effet passager de la pluie et la constante action des eaux souterraines stagnantes, pour maintenir la terre en état d'humidité.

Il est d'une haute importance de se rendre bien compte de cette action des eaux inférieures, et de ne jamais la perdre de vue si l'on veut exécuter des drainages efficaces. Lorsque ces nappes d'eau existent à une faible profondeur dans le sol, la couche superficielle inférieure est entretenue dans un état permanent d'humidité par un effet mécanique que l'on peut appeler l'*attraction capillaire*. Lorsque l'atmosphère est échauffée par les rayons du soleil, il se produit une évaporation qui agit sur le sol de dehors en dedans ; chaque atôme d'humidité étant enlevé dans l'atmosphère, l'atôme enlevé est remplacé par un nouvel atôme que communique le contact des parcelles du sol, les parties les plus superficielles agissant sur les plus profondes, comme autant de pompes aspirantes, à l'effet d'élever l'eau et de suppléer la perte. On n'obtiendra donc un drainage efficace qu'à la condition d'éloigner et de tenir les eaux souterraines à une profondeur excédant la force d'attraction capillaire.

Le capitaine Bligh avait bien compris cette action, et il dit avoir mis lui-même sa théorie en pratique, avoir été imité par d'autres, et avoir élevé la valeur et le produit de la terre, traitée de la sorte, de quelques schellings, à 2 ; 3 et même 4 livres sterlings par arpent, (le schelling vaut 1 fr. 25 et la livre sterling 25 fr. 00).

Il paraît néanmoins que ce procédé fut peu en usage pendant le siècle qui suivit.

Vers l'an 1764, un fermier du canton de Warwick, Joseph Elkington Princethorp, qui avait un champ fort humide et insalubre pour ses moutons, y ouvrit une tranchée de 4 à 5 pieds (1 m 22 à 1 m. 53) de profondeur, pour rechercher les causes du mal, et il eut l'idée d'enfoncer un pieu en fer à 4 pieds en contre-bas du plafond de ce fossé. Lorsqu'il le retira, il vit, à son grand étonnement, l'eau s'élever par ce trou et prendre son écoulement par la tranchée. Ce fait lui fit reconnaître qu'il existe de grandes nappes d'eau souterraines qui entretiennent une humidité constante jusqu'à la surface du sol sous lequel elles s'étendent ; et il crut que l'on pouvait, dans tous les cas, s'en débarrasser, en creusant une tranchée convenablement disposée, quant à sa section et à sa pente, pour contenir et écouler les eaux qu'elle devait recevoir, et en y pratiquant, à l'aide d'une tarrière, un trou suffisamment profond pour atteindre jusqu'à la surface de la nappe liquide. Ces idées se propagèrent, des expériences furent tentées, mais l'on s'aperçut bientôt que l'eau ne jaillissait pas toujours ; et l'on aurait prévu immédiatement ce résultat, si l'on eût connu à cette époque les principes sur lesquels repose l'établissement des puits artésiens.

On fut donc forcé d'abandonner ce système inefficace dans une foule de circonstances, et l'on adopta un autre procédé. Il consistait à creuser une tranchée depuis la partie basse du terrain à assainir jusqu'à la partie élevée où l'on supposait l'existence de la nappe d'eau souterraine, ou bien où il s'en montrait à la surface, de manière à la conduire hors du champ, après l'avoir recueillie par filtration à travers le sol et le sous-sol. Quand on avait ainsi trouvé l'eau, on se servait de cette première tranchée comme d'une mère conduite à laquelle on faisait aboutir de part et d'autre des tranchées de deuxième ordre, un peu moins larges, qui allaient chercher les eaux dans toutes les parties du terrain où l'humidité était très visible ; puis de part et d'autre de ces branches latérales on établissait encore des ramifications plus petites, et ainsi de suite, de manière à recueillir les moindres parcelles d'humidité que retenait le champ. Cet ensemble de tranchées avait donc, en plan, la forme d'un arbre dépouillé de ses feuilles, avec son tronc principal, ses grosses, moyennes et petites branches et ses rameaux.

On conçoit que tous ces fossés, de dimensions diverses,

ne restaient point ouverts, attendu qu'il eût été impossible, soit de cultiver, soit de laisser parcourir par les troupeaux un terrain ainsi préparé. Les parois de chaque tranchée étaient plus ou moins inclinées, selon le degré de consistance du sol ; on en recouvrait le plafond soit de fascines, soit de pierres concassées, suivant le prix de revient de ces matériaux dans la localité où l'on opérait ; on plaçait ensuite sur ce premier lit une couche de grosses pierres qui retenait les parois de la tranchée ; et par-dessus le tout on ramenait une couche de terre végétale d'une épaisseur suffisante pour que la charrue ne pût jamais pénétrer jusqu'au lit de grosses pierres immédiatement inférieur.

C'est sur ce plan que furent conduits les drainages que l'on exécuta en très grand nombre en Angleterre, depuis 1764 jusques vers 1824. A cette dernière époque, on modifia le système d'agencement des tranchées, attendu que l'ancien mode devenait extrêmement coûteux, dans plusieurs localités où l'on n'avait pas sous la main les fascines et les pierres en quantité suffisante. On reconnut que la meilleure disposition à tous égards est en général celle qui consiste à établir le tronc commun dans le thalweg, c'est-à-dire suivant la ligne la plus basse du terrain à assainir, et à placer les autres tranchées parallèlement entre elles, en ligne droite, suivant la ligne de plus grande pente, et par conséquent perpendiculairement au réservoir commun.

Le mode de drainage de 1764 constitue essentiellement le drainage profond, et il est encore employé aujourd'hui pour assainir les marais proprement dits et les terres marécageuses ; on l'appelle *méthode d'Elkington*, mais on ne l'applique qu'avec des précautions particulières dont les progrès de la science, dans ces derniers temps, ont enseigné la nécessité. Il est important de connaître ce système appliqué depuis vingt-cinq ans en Ecosse sur une vaste échelle. Je l'exposerai donc le plus succinctement possible d'après les indications données par M. Henry Stephens dans son excellent ouvrage intitulé : *Le Guide du Draineur.*

4.° Méthode d'Elkington.

On donne le nom de *drains* aux saignées couvertes, quel

que soit le système dans lequel elles sont établies, et de *maîtres-drains* aux saignées de premier ordre qui reçoivent, outre l'eau qu'elles appellent directement, celle qui leur est apportée par les saignées latérales.

Quand on veut drainer un terrain, la première chose à faire, c'est de rechercher le moyen de se débarrasser des eaux, une fois qu'on les aura conduites à la limite du terrain asséché. Pour les marais et les sols marécageux, qui sont toujours très voisins d'une rivière ou d'un ruisseau, c'est dans ce cours d'eau que débouchera, avec une pente convenable, le réservoir commun. Mais cette condition sera quelquefois assez difficile à remplir, car pour certains terrains, on aurait à établir des fossés d'une grande longueur. Ce sera alors aux propriétaires à examiner si les frais d'établissement de cette voie d'écoulement n'augmenteraient pas la dépense du drainage au-delà de l'augmentation de produit à espérer de l'opération. D'ailleurs, cet inconvénient disparaîtra quand tous les propriétaires d'une contrée s'associeront pour faire un assainissement étendu et partageront les frais de construction du réservoir général des eaux. Quoi qu'il en soit, il faut que les particuliers qui voudront assainir des terrains submergés en tout ou partie, sachant bien que le mauvais vouloir de leurs voisins ne peut y apporter obstacle, attendu que d'après la loi du 29 avril 1845, ils ont droit de passage sur les fonds intermédiaires, à l'effet de procurer aux eaux nuisibles leur écoulement, pourvu que ces fonds ne soient pas occupés par des maisons, cours, jardins, parcs et enclos attenant aux habitations, et à la charge de payer une indemnité dont la fixation est réservée aux tribunaux, en cas de contestations.

Une fois ce premier point résolu, il s'agit de déterminer la direction à donner aux drains. Pour cela, on pratique dans les parties les plus basses du terrain quelques tranchées d'essai qui ont pour but de faire reconnaître la disposition des couches du sol et de constater la position de celle qui semble devoir donner issue à l'eau en plus grande abondance. Ces tranchées doivent être poussées jusqu'à une profondeur de 1ᵐ50 à 2ᵐ15, de telle façon que l'on puisse déterminer d'une manière à peu près certaine l'emplacement et

la direction des sources qui produisent le marécage à dessécher. Les drains sont alors dirigés des parties basses, où
doit être établi le réservoir commun, vers les parties élevées,
aux points où se trouvent les sources, en suivant à peu près
la ligne de plus grande pente de la surface et en ayant soin
de couper toutes les couches du sous-sol et notamment celles
qui, d'après l'examen préalable de la constitution géologique
du terrain, servent de lit de filtration. Cet examen a aussi
pour but de fixer la profondeur des tranchées que l'on détermine d'après les mêmes conditions, et en observant de dépasser un certain minimum dont il sera parlé plus loin.

Quand l'emplacement des drains a été ainsi arrêté et piqueté,
on procède, avant de creuser les tranchées, à l'approvision-
nement des matériaux qui doivent former les conduits des
drains. Ces matériaux sont déposés et rangés avec ordre le
long des lignes de piquetage, afin que les ouvriers les aient
sous la main sans nouveau transport.

On taille ensuite la tranchée. Il serait trop long d'indiquer
ici les précautions à prendre tant pour le tracé et l'établissement de la pente des tranchées que pour le creusage lui-
même, qui est fait avec des instruments construits à cet effet;
ces détails d'exécution peuvent être devinés par un construc-
teur intelligent, et d'ailleurs ils sont très minutieusement
décrits dans l'ouvrage de M. Stephens, auquel il sera toujours bon de recourir quand on voudra effectuer un drainage systématique, ou dans une très bonne Notice de M.
Leclerc, ingénieur belge.

La largeur des tranchées doit être celle strictement nécessaire aux mouvements de l'ouvrier qui aura à travailler dans
le fond du drain. Ainsi, par exemple, si on est conduit à admettre une profondeur de 1ᵐ 83, il suffira de leur donner
une largeur de 0ᵐ 46 au plafond et de 0ᵐ 76 en gueule.

Pour empêcher les ravinements que les eaux pourraient
produire dans les tranchées, ce qui à la longue occasione-
rait la destruction du drain, il faut toujours avoir soin que
le plafond soit garni d'un revêtement de pierres posées à
plat, de manière à former une espèce de radier; et cette disposition a de plus l'avantage de permettre de dresser les
drains sur des pentes très faibles, et par conséquent d'aug-

menter le nombre des terrains où ce système d'assainissement peut être employé. En outre, pour assurer à l'eau un
passage en toutes circonstances, et pour éviter par-là toutes
les dépenses ultérieures auxquelles donneraient lieu les ré-
parations et la reconstruction des drains, il est bon d'établir au fond de la tranchée un conduit maçonné, espèce de
petit aqueduc, en pierres sèches, de 0m 15 à 0m 20 de débou-
ché, quarré ou triangulaire, dont on bouche l'ouverture à
l'aide d'un bouchon de paille de froment ou d'avoine, qui,
sans empêcher l'eau de passer, la purge de toute matière
terreuse. Tout l'espace qui reste entre les parois de la tranchée et les parements extérieurs du conduit est rempli avec
des pierres posées à la main et calées avec soin, de manière
à empêcher tout mouvement ultérieur dans le petit aqueduc,
et l'on verse ensuite dans la tranchée une masse de cailloux
de dimensions à peu près égales, ou de pierres cassées à
0m 10 environ de grosseur. Une hauteur de 0m 60 au-dessus
du fond du drain suffit pour obtenir un bon lit de filtration,
mais si l'on a à évacuer de grandes quantités d'eau, on peut
porter jusqu'à 1m 20 l'épaisseur de cet empierrement. Pour
empêcher que la terre ameublie, qui doit achever le remplissage, ne puisse venir se loger dans les interstices des cailloux, on
place sur l'empierrement une couverture de 0m 07 à 0m 10
d'épaisseur que l'on forme, suivant les ressources dont on
dispose, ou de feuilles sèches, ou d'herbes grossières, ou de
mousse, ou de tan épuisé, ou de paille, ou de gazon dur.
Mais comme toutes ces matières finissent, au bout de peu de
temps, par se décomposer et être entraînées avec les eaux
du drain, le meilleur système consiste à recouvrir le lit de
cailloux d'une couche de pierres plus petites ou de gravier
fortement damé. Enfin quand ces travaux sont terminés, on
s'empresse de combler le reste de la tranchée avec tous les
déblais qui en proviennent : il reste alors une faible levée au-
dessus du drain, mais les tassements, surtout par un temps
pluvieux, affaissent rapidement cet exhaussement, et le terrain se trouve nivelé au bout de peu de temps.

La profondeur minima des drains varie avec la nature des
sols ; dans la détermination de cette dimension, il y a cependant des éléments qui en sont indépendants. Le labour ordi-

naire atteint une profondeur de 0^m 13, et le labour de sous-
sol, que l'on pratique quelquefois, peut aller jusqu'à 0^m 40 plus
bas; en outre, il faut encore, par prudence, réserver une
couche de 0^m 08 au-dessous; on voit donc que la couche de
terre doit avoir, dans tous les cas, au moins 0^m 66 au-dessus
des matériaux de remplissage du drain. Or, d'après M. Stephens, dans les sous-sols poreux, le lit de filtration peut
être réduit à 0^m 33; dans ceux qui sont seulement friables,
il faut en porter la hauteur à 0^m 55; enfin, dans les sous-
sols argileux, il est nécessaire qu'il ait au moins 0^m 75; la
profondeur minima des drains doit donc être respectivement
de 0^m 99, 1^m 21 ou 1^m 41, suivant que le sous-sol est poreux,
friable ou argileux. D'après MM. Parkes et Leclerc,
la profondeur minima des drains doit être de 1^m 21, et les
considérations parfaitement motivées de ces ingénieurs me
font penser qu'il sera dans tous les cas prudent et économique
d'adopter cette limite inférieure, car il faut toujours être
certain que l'on n'aura jamais besoin d'approfondir ultérieu-
rement des drains une fois construits; et d'autre part, l'on
conçoit que, pour un même terrain, les drains doivent être
d'autant moins espacés qu'ils sont moins profonds.

Si, par l'examen attentif de la constitution intime du terrain, on est fondé à penser que l'eau existe en quantité notable au-dessous du fond du drain, même quand on l'a
poussé à 1^m 80 ou 1^m 85 de profondeur, et que cette eau,
par suite de la disposition de la couche imperméable inférieure, est soumise à une pression qui l'élèverait jusqu'au
fond du drain, si on lui ouvrait une issue, on fonce, latéra-
lement au drain, un ou plusieurs puits de 0^m 90 de diamètre que l'on remplit de pierres cassées, comme le drain
lui-même, lorsque l'on est arrivé jusqu'à la nappe d'eau. On
peut substituer à ces puits, et dans le même but, des trous
de sonde pratiqués à l'aide de la tarière ordinaire, qui
traversent la couche imperméable supérieure à la nappe
d'eau, et sont descendus jusqu'à la couche poreuse.

Ce système est encore employé avec beaucoup de succès
pour se débarrasser des eaux du drainage, lorsque l'on a
reconnu qu'il existe sous la couche plus ou moins imperméable, dans laquelle reposent les drains, un lit perméable

incliné de manière à laisser filtrer les eaux en dehors
du terrain à assainir. Les trous de sonde font alors l'effet
de puits absorbants, et l'on se trouve dispensé de la construction, parfois coûteuse, du fossé d'épuration définitive.

Tels sont les procédés employés en Angleterre et surtout
en Ecosse, où ils produisent d'excellents résultats, pour
assainir un terrain marécageux par la méthode d'Elkington.
Le point remarquable de ce système, c'est que les drains
ont surtout pour effet de saisir les sources à leur origine,
et, en leur ouvrant un passage facile, de les empêcher de
s'épandre, comme elles le faisaient avant le drainage, en
une multitude de petits filets, au travers de la masse du terrain. Mais ce procédé, tout en détruisant la nature marécageuse du sol, y laisse encore subsister de nombreux suintements, et par suite un excès d'humidité nuisible à la végétation, et l'on ne pourrait assécher complètement le terrain qu'en multipliant les drains, ce qui deviendrait fort
coûteux.

Aujourd'hui les drains secondaires que comporte un système complet de drainage ne sont plus construits d'après
la méthode d'Elkington; on la réserve pour les maîtres
drains, lorsque l'on a affaire à un terrain où l'humidité est
extrêmement abondante; mais les drains de second ordre,
aussi bien que les maîtres drains, quand on n'a pas à livrer
passage à des masses d'eau très considérables, sont établis
d'après des procédés extrêmement perfectionnés qui font du
drainage un art véritable, et en réduisent la dépense à un
taux remarquablement faible.

Ce sont ces procédés que je vais maintenant développer
avec autant de détails que le permettent les bornes dans lesquelles doit rester cette notice.

5.º Drainage ordinaire à empierrement.

Après avoir déterminé les pièces de terre que l'on veut
drainer, on doit se préoccuper d'abord de la position des
maîtres drains destinés à revoir l'eau fournie par les petits
drains. Les maîtres drains sont, dans tous les cas, munis
d'un conduit dont je parlerai plus loin avec détails, et ils
doivent toujours occuper les parties du champ les plus

basses, en étant dirigés le long de la partie inférieure du champ, ou sur ses côtés, ou par son milieu, selon l'état de surface accusé par le nivellement. Si la pente générale de la surface est très faible, l'eau est conduite aux maîtres drains, en donnant à ces derniers une profondeur plus considérable, déterminée d'ailleurs par les exigences de localité, pour que l'issue soit placée au niveau voulu pour l'écoulement. Si le champ présente une déclivité uniforme, le maître drain doit régner le long de la pièce; si, au contraire, le champ présente une forme ondulée, chaque partie creuse d'étendue notable, chaque creux profond d'étendue même très restreinte, doit être pourvu d'un maître drain, placé toujours à 4^{m}60 au moins de tout arbre dont les racines pourraient arriver jusqu'à lui.

En raison de leur position, les maîtres drains ont une pente en général plus faible que celle qui existe dans les autres parties du champ, mais on doit l'établir de façon à assurer l'écoulement. Dans un champ de niveau, on peut être réduit à n'obtenir l'écoulement qu'au moyen d'une profondeur plus considérable ménagée à l'issue même du maître drain; mais alors, comme dans tous les cas de faible pente, la section adoptée pour le conduit doit être plus grande, pour que la quantité d'eau écoulée, dans un temps donné, puisse atteindre la limite voulue. Si la pente du terrain varie dans le parcours occupé par le drain, celui-ci peut avoir des pentes variables également, pourvu que la section varie elle-même dans le rapport convenable. Mais, dans tous les cas, à moins que la pente ne soit très forte dans toute l'étendue du drain, il est bon de ménager un accroissement de déclivité vers les derniers mètres, du côté de l'issue, afin d'accélérer le mouvement de l'eau à la sortie, et de déterminer aïnsi une vitesse plus grande que dans les autres parties du drain. Le peu d'intensité de la pente limite est aussi très remarquable : quand le conduit se compose de tuiles et soles ou de tuyaux, comme il sera dit plus loin, il suffit pour l'écoulement, d'après M. Parkes, que la déclivité soit de 0^{m}25 par kilomètre, et le drain peut même être horizontal, si la décharge générale aboutit dans une rivière, au-dessus du niveau des plus hautes eaux; mais si le conduit est un simple empierrement, ou même un empierrement avec un petit aqueduc a pierres sèches, comme dans la méthode d'Elkington, il sera prudent de conserver une pente de 1ᵐ 00 au moins par kilomètre. Il est bon aussi de donner aux maîtres drains une profondeur de 0ᵐ 15 au moins au-dessous des drains secondaires dont ils reçoivent le produit, afin que les orifices de ces derniers restent constamment purgés de sable, de boue ou de toute autre matière. Quant au maximum de pente, c'est la limite au-delà de laquelle la conservation des matériaux qui remplissent la tranchée n'est plus assurée. Dans ce cas, la longueur du drain est divisée en plusieurs parties de pente convenable, que l'on raccorde avec des plans inclinés construits en maçonnerie sèche de pierre ou de brique, disposée en redans ou degrés d'escalier.

Les drains secondaires sont tracés suivant la ligne de déclivité du sol. Si la pièce de terre ne comporte qu'un seul plan de déclivité, ils sont tous parallèles les uns aux autres et aboutissent tous au même drain principal sous une direction et une inclinaison déterminées par la ligne de plus grande pente elle-même. Si le champ est ondulé, le maître drain est taillé suivant une ligne formant thalweg de la partie la plus enfoncée de la pièce, et les petits drains sont tracés par séries correspondantes aux divers plans d'inclinaison, tous les drains d'une même série étant parallèles entre eux, mais un drain d'une série étant plus ou moins oblique relativement à ceux d'une autre série. Cette condition est éminemment favorable à l'écoulement des eaux, et toute autre disposition pourrait avoir pour effet de faire manquer l'opération. D'ailleurs, quel que soit le tracé adopté pour les petits drains, ils doivent toujours rencontrer les maîtres drains, sous des angles voisins de 90°. Ainsi, à l'exception des parties de terrain formant des creux très resserrés, avec pente et contrepente très raides, chacun des divers plans, dans lesquels une pièce de terre est divisée, détermine un système de drains conduits suivant la ligne de plus grande pente dans chaque plan, et sans avoir égard à l'état apparent d'humidité ou de sécheresse des parties diverses d'un même plan; le but même du drainage, c'est-à-dire l'assèchement uniforme et complet, motive cette manière d'agir; car les parties du sol dont l'aspect, à un moment donné, semble exclure la présence de l'eau, peuvent être humides dans un autre temps, et le sous-sol peut être dans un état d'humidité pernicieuse, pendant que la surface semble dans un état de siccité suffisante. J'insiste sur ce point parce qu'il a été très controversé, à une certaine époque, parmi les draineurs anglais; les prescriptions qui ont été exposées précédemment sont celles que donne M. Henry Stephens avec des développements qui les justifient d'une manière péremptoire.

Trois conditions déterminent la profondeur que l'on doit donner aux drains. La première, c'est qu'ils recueillent toute l'eau de la zône cultivable, et par conséquent qu'ils en puissent égoutter toutes les couches perméables ; il faut, en second lieu, qu'ils abaissent le niveau de la partie humide au-dessous du point où l'attraction capillaire cesse d'agir ; enfin il importe qu'ils soient assis sur une matière imperméable, qui s'oppose à ce que l'eau puisse trouver une autre voie d'écoulement que celle qui doit lui être offerte par le conduit du drain. Pour fixer cette profondeur, il est donc nécessaire d'avoir une connaissance approfondie de la constitution géologique du terrain à assécher. On y parvient en pratiquant, dans le sens de la pente, et sur toute la longueur du terrain, deux tranchées d'essai, si ce terrain n'a pas plus de quatre hectares, ou un plus grand nombre de tranchées séparées par une surface de deux hectares, si la pièce de terre a une contenance plus considérable. Ces tranchées doivent avoir une profondeur de 0^m 90 au moins, que l'on augmente successivement jusqu'à 1^m 22 vers la partie haute du champ, et même jusqu'à 1^m 50 sur certains points. On attend ensuite le temps nécessaire pour que l'eau se soit frayé un passage dans ces drains d'essai, et lorsque, par un temps sec, on est fondé à croire qu'ils ont recueilli toute l'eau qu'ils peuvent extraire, on étudie avec soin la disposition et le degré plus ou moins grand de perméabilité des couches du sous-sol. Si l'opération a été bien conduite, on a des profondeurs différentes, dans les drains d'essai, pour des parties de même constitution géologique. On examine alors à quelle profondeur l'eau arrive en plus grande abondance, et c'est cette profondeur que l'on adopte

pour toutes les parties du champ ayant un sous-sol similaire.
Néanmoins, cette règle n'est pas toujours facile dans l'application ; aussi les questions relatives à la profondeur des
drains ont-elles été souvent débattues parmi les ingénieurs,
les agriculteurs et dans les associations agricoles anglaises.
Les uns voulaient que les tranchées ne fussent creusées que
jusqu'à 0^m 46 à 0^m 61 ; plusieurs ingénieurs, propriétaires ou
fermiers, assurèrent qu'une profondeur de 1^m 22 à 1^m 58 était
nécessaire et même économique, en ce qu'elle permettait
d'espacer davantage les drains. D'autres furent d'avis qu'il
convenait de placer les drains à une profondeur de 0^m 92 à
1^m 00, et de les espacer de 4^m 58 à 5^m 49 ou 6^m 10 les uns des
autres. Aujourd'hui on paraît assez généralement reconnaître
que la profondeur minima des drains doit être fixée à 1^m 21.

En Belgique, on donne généralement aux tranchées une
profondeur de 1^m 10 à 1^m 50.

Au Charmel, propriété appartenant à M. de Rougé, dans
le département de l'Aisne, où un jeune ingénieur anglais.
M. Parker, dirige en ce moment des travaux de drainage
exécutés par des ouvriers anglais, la profondeur des drains
varie de 1^m 00 à 1^m 30.

L'espacement des drains dépend nécessairement de leur
profondeur ainsi que de la nature du sous-sol. M. Henry
Stephens pense que dans un sol dont l'imperméabilité n'est
pas absolue, un drain de 0^m 91 ne peut agir efficacement à
une distance de plus de 4^m 57, tandis qu'à la profondeur de
1^m 26, il fait correspondre un espacement maximum de
7^m 32. Dans un sous-sol poreux, il est d'avis qu'un drain
de 0^m 91 agira sur une distance de 6^m 10 avec autant, sinon
avec plus d'efficacité. Enfin, dans le cas d'une couche épaisse
de terre meuble, reposant sur un sous-sol imperméable,
M. Stephens croit qu'un drain qui, traversant la couche de
terre franche, plongerait de quelques pouces dans l'argile,
le tout formant une profondeur de 1^m 26, agirait certainement sur une distance de 9^m 14 ; quant aux argiles tout à
fait compactes, cet ingénieur assigne un espacement maximum de 6^m 10 aux drains de 1^m 27.

En Belgique, M. Leclerc, l'ingénieur du gouvernement,
qui est chargé de la haute direction des travaux de drainage,

a adopté, pour l'espacement des lignes de drains, la règle générale suivante :

Terrains sablonneux........................	15 à 20 mètres.
Id. tourbeux........................	11 à 14 —
Argiles graveleuses ou pierreuses............	10 à 15 —
Id. homogènes........................	7 à 10 —
Sous-sol crayeux........................	8 à 11 —

Un propriétaire belge, M. Mertens, qui a drainé environ 45 hectares, a adopté la distance de 10^m 00 pour des tranchées de 1^m 10 de profondeur.

Au Charmel, l'espacement des drains de dernier ordre varie de 10^m 00 à 12^m 00.

Le temps ou l'argent manquant, on ne doit jamais *drainer à moitié* un terrain, en n'effectuant que la moitié des drains qui doivent composer un système complet, et réservant un drain entre deux pour en ajourner l'exécution. Dans ce cas, on obtiendra de bien meilleurs résultats en *drainant la moitié* du terrain à assainir, c'est-à-dire en établissant un système de drains complet et définitif sur la moitié de ce terrain.

Tous les drains d'un même champ doivent être reliés à leur extrémité supérieure au moyen d'un petit drain qui a pour mission d'assécher la partie culminante de la pièce, et de la protéger contre les suintements qui proviendraient, soit d'un fossé de séparation, soit de la pièce supérieure.

La longueur des drains dépend de l'espacement des saignées ainsi que de la pente et de la section des conduits.

M. Leclerc a résumé dans le tableau suivant, pour diverses pentes et diverses distances, les longueurs que doivent avoir des conduits faits avec des tuyaux en terre cuite de 0^{m}025 de diamètre :

Espacement des drains.	Pentes des conduits.	Longueur des drains.
7^m 00........................	0^m 002	180^m 00
	0 010	246 00
	0 100	788 00
10 00........................	0 002	75 00
	0 010	172 00
	0 100	551 00
13 00........................	0 002	58 00
	0 010	132 00
	0 100	424 00
14 00........................	0 002	47 00
	0 010	107 00
	0 100	341 00

M. Stephens est d'avis que la longueur d'un drain ne doit jamais excéder 183^m 00

On recoupe alors le système de drains parallèles par un drain sous-principal oblique, établi par le travers du champ et dont on place le fond à 0^m 18 en contrebas de ceux qu'il traverse, de manière à intercepter, dans sa descente, l'eau qui provient des drains supérieurs.

Le mode d'exécution des tranchées est un point fort important de l'opération, car ce travail constitue une partie très notable de la dépense. Aussi les ingénieurs anglais y ont-ils donné une attention toute particulière. Ils ont inventé depuis longtemps des outils admirablement appropriés à l'usage que l'on en voulait tirer, de manière à réduire les frais à un minimum réellement fabuleux ; ces outils ont encore été perfectionnés dans ces dernières années, et ce qui prouve l'importance que l'on y attache en Angleterre, c'est qu'il en existait un grand nombre de modèles à l'Exposition Universelle. Il n'entre pas dans mon plan de décrire ces instruments non plus que les précautions à prendre dans l'ouverture des tranchées, d'autant plus que l'on trouvera des détails très minutieux sur ce point dans l'ouvrage de M. Henry Stephens. Je dirai seulement quelques mots de la manière dont ce travail, d'après un article de M. Charles Gomard, s'effectue au Charmel, où les conduits des drains sont des tuyaux de terre cuite.

Les ouvriers anglais se servent de plusieurs outils en fer plaqué sur acier, qui conservent longtemps leur tranchant, parce que, à mesure que le fer vient à s'user, le bord effilé de l'acier est mis à découvert. Ces outils sont au nombre de quatre ou cinq : 1.º une bêche, ou pelle en fer, à manche cintré, sert à faire la première levée de terre dans les terrains faciles ; 2.º une bêche à lame large, un peu arrondie, avec poignée en bois au bout du manche, sert à faire la deuxième levée ; 3.º une bêche à lame cintrée, très étroite, très longue, ayant la forme de la tarelle des charpentiers, et pesant au moins six kilos, sert à faire la troisième levée de terre. L'ouvrier anglais manie ces outils sans faire agir les reins ; debout et droit, il frappe le haut de la lame avec le pied, qui est armé d'une chaussure très lourde garnie d'une forte semelle en fer, en même temps qu'il ébranle l'outil de la main ; ce n'est que pour jeter la pelletée de terre hors de la tranchée que l'ouvrier anglais se baisse. Les tranches de terre enlevées sont minces, étroites et très longues. Après la troisième levée de terre, le fond de la tranchée doit avoir la forme d'un coin, et les deux parois étant inclinées, se soutiennent d'elles-mêmes. On nettoie le fond de la rigole avec un instrument en fer, nommé *curette*, ou *sloop*, l'ouvrier restant debout au haut de la tranchée. Il y a des sloops de deux largeurs, et qu'on emploie suivant la grosseur des tuyaux qu'on devra placer.

L'emploi des conduits en terre cuite, dans le drainage profond, est devenu général en Angleterre, et a remplacé celui des conduits ou filtres en pierres et cailloux, partout où l'abondance de cette nature de matériaux ne lui assure pas, sous le rapport de la dépense, une préférence marquée. Néanmoins, comme chez nous, cette dernière circonstance peut se présenter souvent, et que d'ailleurs l'absence de machines pour la fabrication des conduits en terre cuite peut retarder encore quelque temps la construction de drains de cette espèce, je crois qu'il est bon de dire ici quelques mots de l'établissement des drains à empierrement.

Il ne faut pas confondre le système de drains à empierrement du drainage profond avec la méthode d'Elkington. Le premier s'applique à tous les terrains humides, les tranchées sont divisées en séries parallèles, elles sont généralement peu profondes, et le conduit destiné à livrer passage aux eaux consiste uniquement dans l'empierrement, sans aqueduc inférieur. Au contraire, la méthode d'Elkington ne s'applique qu'aux marais proprement dits ou aux terrains marécageux, les saignées très profondes sont dirigées sans aucune régularité et uniquement dans le but d'aller saisir les sources, et enfin il est presque toujours nécessaire de placer un petit aqueduc au fond des drains, sous l'empierrement, pour évacuer facilement les grandes quantités d'eau que ces drains sont appelés à recueillir.

L'ouverture des tranchées pour les drains ordinaires à empierrement se fait comme dans la méthode d'Elkington, et, sauf la différence de section, qui nécessite des outils un peu différents, elle s'effectue aussi de la même manière pour les drains à conduits en terre cuite. Les tranchées doivent toujours être commencées par leur partie la plus basse, et le remplissage ne doit être opéré qu'après l'achèvement complet de la tranchée, et en commençant par la partie supérieure du drain. Les cailloux roulés, d'une grosseur à peu près égale, n'excédant pas celle d'un œuf de cane, doivent être préférés aux débris de carrière qui s'enchevêtrent et ne laissent pas assez de vides. A défaut de cailloux roulés, on emploie des pierres cassées d'une dimension comprise entre 0^m 06 et 0^m 10. Pour verser les cailloux dans la tranchée, M. Roberton de Ladyrigg se sert, avec avantage, d'une brouette-crible qui a pour effet de séparer avec la plus grande facilité et par un seul jet de pelle de l'ouvrier, les gros matériaux qui tombent dans le fond du drain, la menue pierraille qui tombe dans la brouette, et la terre et le menu gravier qui sont rejetés sur le sol à côté de la tranchée. La pelle la plus convenable pour verser les pierres sur le crible est celle qui porte le nom de *poêle à frire* ou *pelle à chaux*. Relevé par derrière en forme de conque, cet outil présente aux cailloux une poche qui les rassemble en tas; tranchant et pointu dans sa partie antérieure, il pénètre aisément sous les pierres et se charge avec facilité; il coûte 4 fr. 80 c. Quand les gros matériaux ont atteint dans le drain la hauteur voulue, l'ouvrier les régale avec un râteau en fer à trois dents, puis il verse à la pelle, sur cette première couche, un lit d'épaisseur suffisante composé de la pierraille tombée dans le coffre de la brouette. Enfin il dame fortement ce dernier lit, et l'on achève le remplissage du drain avec la terre provenant des déblais.

Il existe une grande diversité d'opinions, parmi les constructeurs de drains à empierrement, sur les dimensions qu'il convient de donner aux conduits. M. Roberton a établi des drains de 0^m 84 de profondeur, qui avaient une largeur de 0^m 18 au fond et de 0^m 23 à la partie supérieure de l'empierrement, lequel s'élevait à 0^m 38 au-dessus du fond. Les drains de M. Stirling ont 0^m 76 de profondeur, sur 0^m 13 de largeur au fond, et l'empierrement y a une hauteur de 0^m 38, sur une largeur de 0^m 20, mesurée à sa partie supérieure. Quoi qu'il en soit, à défaut des indications de l'expérience pour fixer les dimensions qui, dans des circonstances données, peuvent assurer à l'action des drains une permanence et une efficacité suffisantes, il sera toujours sage de régler leurs dimensions en-delà plutôt qu'en-deçà du nécessaire probable, sauf à augmenter un peu les frais d'établissement.

La cherté des pierres et des cailloux dans certains cantons, aussi bien que la dépense résultant de l'excédant de profondeur et de largeur nécessité par les drains à empierrement, ont porté les draineurs à essayer de remplacer ces pierrées par des conduits en terre cuite. Le succès a pleinement couronné cette tentative, et l'usage des conduits en terre cuite, tuiles ou tuyaux, est devenu presque exclusif de tout autre système, depuis que l'emploi des machines à la fabrication de ces matériaux a permis d'en réduire la dépense à un taux extrêmement faible.

6.° — Drainage à conduits en tuiles et soles.

Le premier système expérimenté a consisté à former les conduits des drains avec des tuiles creuses, posées bout à bout, et reposant sur des tuiles plates ou *soles*, placées sur le plafond de la tranchée. Cette méthode est encore en usage en Angleterre, dans plusieurs localités, et, en Ecosse, les fermiers la préfèrent encore au système plus perfectionné des tuyaux.

Les soles ont 0^m 178 de largeur et sont destinées à recevoir des tuiles creuses ayant dans œuvre une largeur de 0^m 076 à 0^m 102, avec une épaisseur de 0^m 019, de telle sorte qu'il reste libre de chaque côté, sur la sole, un espace de 0^m 019 qui facilite le calage de la tuile supérieure à l'aide de cailloux ou de morceaux d'argile. Les tuiles creuses doivent satisfaire aux conditions suivantes : leur largeur doit excéder leur hauteur d'un quart environ, le dos s'infléchissant brusquement, et les côtés étant à peu près verticaux, elles doivent avoir la surface lisse, être pesantes, dures et rendre sous le choc du doigt un son métallique; enfin, mises en place, il faut qu'un homme puisse, non seulement peser, mais sauter dessus sans les briser. La longueur des tuiles pour drains varie suivant les localités, on en rencontre prin-

cipalement de quatre dimensions, 0m 305, 0m 330, 0m 356 et
0m 381. Les premières paraissent devoir être préférées, en ce
qu'elles sont d'un maniement plus facile pendant la fabrication et lors de la pose, qu'elles gardent mieux leur forme à
la cuisson, et que le conduit qui en est composé offre plus
de joints, et, par conséquent, est plus pénétrable à l'eau.

Le nombre de tuiles nécessaires pour le drainage d'un hectare, suivant l'espacement des drains, est comme il suit :
Pour 3m66 de dist., il faut 8963 tuiles de 0m305 et 7170 de 0m381.

5	49	—	6975	—	5780
7	31	—	4481	—	3585
9	14	—	3585	—	2870
10	97	—	2988	—	2390

On a quelquefois essayé de supprimer les soles dans les
tranchées argileuses, dans la vue de réduire la dépense;
mais c'est une mauvaise spéculation, car, quelque dure que
paraisse l'argile, quand elle est sèche, elle se détrempe et se
transforme en boue, lorsque l'eau vient à y passer; alors la
tuile creuse s'enfonce et le drain ne tarde pas à s'obstruer.
Il faut donc, dans tous les cas, une sole pour soutenir la
tuile creuse, et l'on trouve dans certaines localités avantage
et économie à remplacer les soles en terre cuite par des
feuillets d'ardoise, quand on opère non loin de carrières de
ces matériaux.

La tuile creuse est posée sur la tuile plate, de manière que
le joint de deux tuiles tombe sur le milieu d'une sole. Ainsi
deux tuiles s'appuient toujours sur trois soles.

Lorsqu'un conduit doit verser son eau dans celui d'un
autre drain, on se contente ordinairement de briser le bout
d'une ou de deux tuiles du maître drain, pour pratiquer une
échancrure dans le conduit au point de jonction. Mais comme
on risque alors de briser la tuile entière, quelques constructeurs préfèrent éloigner assez les deux tuiles du maître
drain, pour loger entre elles l'extrémité de la tuile du drain
ordinaire, et couvrir ensuite l'espace vide du conduit principal avec des pierres plates ou des morceaux de tuiles. Mais
ce système a aussi un inconvénient qui est son manque de
stabilité et la facilité qu'il présente à se laisser obstruer lors
du remplissage du drain. Ce qu'il y a de mieux, c'est de se

servir de tuiles fabriquées ad-hoc, et portant sur le côté une échancrure destinée à recevoir le drain ordinaire. Ces bouts de raccordement n'ont que la moitié ou le quart de la longueur ordinaire, afin que l'on n'ait pas à se préoccuper de la position particulière des angles de raccordement, dans l'arrangement donné aux tuiles du maître drain.

Ainsi qu'il a été dit précédemment, l'ouverture des tranchées, pour drains à conduits en terre cuite, s'exécute de la même manière que celle des tranchées pour drains à empierrement. Le travail, qui diffère seulement par l'emploi de quelques outils spéciaux, demande à être conduit avec le plus grand soin. J'ai donné sur ce point les détails les plus nécessaires quand j'ai parlé plus haut du drainage qui se fait au Charmel.

On trouve dans les ateliers de M. Laurent, rue de Lancry, n° 20, à Paris, tous les outils nécessaires pour l'ouverture des tranchées et la pose des tuiles ou tuyaux de drainage ; la série de ces outils, au nombre de cinq, coûte 36 francs.

La pose des soles et des tuiles ne doit être confiée qu'à un homme habitué à ce genre de travail, bon ouvrier et consciencieux. Il reste constamment dans le fond du drain et on lui donne un aide chargé de lui servir les matériaux à la main. Lorsque quelques jours se sont écoulés depuis l'achèvement de la tranchée, le poseur, immédiatement avant de mettre les soles en place, procède à l'enlèvement des matières boueuses et liquides, au moyen d'une écope à long manche, et à l'expulsion de la terre sèche et des petites pierres, à l'aide d'une houe dont le tranchant a 0^{m}076 de largeur et qui est munie d'un manche de 0^m 61 de longueur. Cet outil coûte 1 fr. 25. Il pose ensuite les soles en les asseyant bien solidement et les faisant pénétrer légèrement dans la terre. Quand une sole porte à faux, le poseur extrait les obstacles, unit et prépare le lit, au moyen d'une truelle de maçon dont la lame a 0^m 127 de longueur, le talon 0^{m}038 de hauteur, et le manche 0^{m}127 de longueur. Cet outil très commode coûte 2 fr. 50 en acier fondu, et 1 fr. 56 en acier ordinaire. Quand trois soles sont posées, et que l'ouvrier a vérifié, à l'aide du niveau de maçon, si la pente voulue a été ménagée, il place deux tuiles en les disposant, comme il a été dit, joint sur plein par rapport aux soles, et bout à bout, de manière à laisser le moins de passage possible aur corps solides, et juste l'interstice nécessaire aux liquides pour leur écoulement. Le poseur a le soin de ne point déranger les tuiles, après qu'elles ont été mises en placé ; et, pour les fixer dans leur position relative, il tasse de la terre entre les flancs de chaque tuile et les parois du drain, jusqu'à la hauteur du dos de la tuile, en prenant pour cette opération la terre qui a été extraite du sous-sol, ou, ce qui vaut mieux, de l'argile, s'il en existe dans les déblais.

Les dispositions pour les jonctions des tuiles du maître drain avec celles des drains aboutissants, doivent être prises pendant que l'on pose quelques-unes des tuiles du maître drain, afin que l'on ne soit pas obligé plus tard de déranger l'ensemble du système.

Le maître drain, au point où il débouche dans un fossé ou une eau courante, doit avoir son orifice d'écoulement protégé par un petit ouvrage en maçonnerie à bain de mortier, ou même en maçonnerie sèche seulement. La dernière sole est alors formée par une pierre qui doit dépasser l'orifice d'embouchure, sur une longueur suffisante pour que l'eau du drain soit dirigée sur le fond du canal de décharge direc-rectement, ou sur un revêtement en maçonnerie en plan incliné ou à redans, dont ce canal ou fossé aurait été muni à l'endroit convenable.

Quand le champ tout entier a une pente uniforme, le maître drain reçoit directement les drains secondaires ; dans le cas contraire, chaque pli de terrain doit avoir son drain sous-principal qui, tracé dans la partie la plus basse, reçoit les eaux des drains secondaires convenablement répartis dans le sol environnant, et les conduit au maître drain. On emploie aussi, comme il a été dit plus haut, l'intermédiaire d'un drain principal, même dans un champ à pente uniforme, quand la longueur des drains secondaires excède 183ᵐ. Les dimensions des drains sous-principaux doivent être calculées d'après la quantité d'eau qu'ils sont appelés à recevoir ; leur construction s'exécute comme celle des maîtres drains et immédiatement après l'établissement de ces derniers; seulement il faut éviter, afin de prévenir les engorgements, que les jonctions des drains secondaires, avec les drains sous-principaux, aient lieu vis à vis l'une de l'autre sur les deux rives, et de plus que ces rencontres se fassent sous un angle droit.

Les drains secondaires s'établissent absolument de la même manière que les maîtres drains et les drains sous-principaux, si ce n'est que, à cause de la réduction de leurs dimensions, on emploie des outils à lame moins large qui permettent de diminuer notablement les terrassements.

Tous ces drains d'ailleurs doivent toujours être tracés à 4^m 60 au moins de distance des haies ou des arbres dont les les racines pourraient venir les déranger ou les obstruer.

Dans les cas ordinaires, une tuile de 0^m 102 de largeur et de 0^m 127 de hauteur dans œuvre convient très bien pour un maître drain. A partir de ces limites, on fait des tuiles de dimensions variables jusqu'à 0^m 146 en largeur, et juqu'à 0^m 165 en hauteur. Malgré ces variations dans les dimensions des tuiles, on conserve aux soles des maîtres-drains une largeur constante de 0^{m}254.

Les tuiles destinées aux petits drains ont des dimensions réduites On leur donne 0^m 063 à 0^m 076 de largeur sur 0^m 076 à 0^m 102 de hauteur, dans œuvre; leurs soles ont des largeurs variables de 0^m 127 à 0^m 178.

Les drains avec tuiles étaient très rares en Angleterre et coûtaient fort cher, il y a vingt ans à peine; les tuiles, qui se fabriquaient dans un très petit nombre de localités, et dont l'utilité était loin d'être appréciée autant qu'elle l'est aujourd'hui, se vendaient alors à raison de 75 fr. le millier. Le nombre des demandes ayant augmenté, et cette fabrication ayant pris du développement, le prix s'est graduellement abaissé jusqu'à 37 fr. 50 c. le millier, et s'est maintenu très longtemps dans cette limite, nenobstant les facilités dues à une fabrication expéditive par suite de l'introduction des machines à faire des tuiles. Après être descendu à 31 fr. 25 c., ce prix est enfin arrivé à n'être plus que de 25 fr., et il se maintient aujourd'hui à ce taux, la valeur de la sole étant toujours moitié de celle de la tuile.

Ainsi l'emploi des tuiles avec soles permettait de réaliser, dans la plupart des cas, une notable économie, tant à cause de la réduction du prix de ces matériaux, que parce que les terrassements étaient considérablement diminués dans ce système, sans que la main-d'œuvre pour la façon du conduit fût augmentée.

Aussi les drains de cette espèce furent-ils presque partout préférés en Angleterre aux filtres à empierrement ; et, comme la science du drainage progressait toujours, on eut, dans ces dernières années, l'idée de substituer aux tuiles et soles des tuyaux circulaires en terre cuite de même longueur. Les nombreux avantages que l'on rencontre dans l'emploi de ces tuyaux l'ont rendu général aujourd'hui, et il est probable que dans peu d'années les conduits en pierres ou en tuiles et soles ne seront plus mis en usage que dans des cas tout à fait particuliers.

3.º — Drainage à conduits en tuyaux de terre cuite.

Les tuyaux circulaires, en effet, constituent un conduit entier par lui-même, plus fort que dans toute autre forme, et susceptible de former un long tube très solide, soit en les enchâssant les uns dans les autres, soit en les réunissant par des manchons. Ils exigent moins de matière pour une force donnée, que toute autre forme que l'on pourrait donner à l'argile ; ils sont plus légers et plus maniables, soit pour le transport sur le terrain à drainer, soit pour la pose dans la tranchée ; ils sont moins susceptibles de se déranger, même en les posant simplement bout à bout ; ils permettent de diminuer considérablement la largeur des tranchées ; enfin ils peuvent être posés solidement sur leur lit, avec ou sans manchons ou système de liaison quelconque, sans que l'ouvrier soit forcé de se tenir dans la tranchée.

Pour tous ces motifs, l'emploi des tubes cylindriques en terre cuite réduit encore notablement le prix du drainage d'un terrain.

On s'accorde généralement, en Angleterre, pour admettre que les tubes cylindriques à section circulaire ou ovoïde, plus économiques de pose et de fabrication, à section égale, doivent être préférés. Toutefois on confectionne encore des tubes à section elliptique avec embase, des tuyaux présentant en une seule pièce la forme d'une tuile courbe avec sa sole plane, des tuiles courbes qui, avec des soles courbes, figurent un tuyau à fond méplat, mais l'usage de ces derniers est très restreint.

On a renoncé à l'emploi des tubes d'un très petit diamètre, c'est-à-dire de 0^m 025 de largeur dans œuvre, qui jouirent pendant un certain temps de la faveur publique. Ces tuyaux, trop prompts à s'obstruer, sont remplacés par des tubes de 0^m 038, de 0^m 044 et de 0^m 05, et ces derniers paraissent devoir être plus généralement adoptés, surtout pour les grandes longueurs. Quant aux tubes plus larges, nommés *main-pipes* et qui sont destinés à recevoir les produits de l'écoulement des drains secondaires, on leur donne des dimensions variables, calculées sur le nombre et la longueur des tubes affluents. Ces tuyaux, pour maîtres drains, sont souvent de forme ovoïde, de 0^m 089 en largeur, sur 0^m 127 en hauteur. La longueur des tubes est généralement de 0^m 38.

La disposition des drains, relativement à l'étendue et au relief du terrain à assainir, se fait comme pour les drains à empierrement, précédemment décrits, et l'ouverture des tranchées est effectuée comme pour les drains à tuiles et soles. Seulement on conçoit que la largeur des tranchées est encore plus faible pour les tuyaux que pour les tuiles. Le fond des drains est d'ailleurs arrondi à l'aide d'un outil construit à cet effet, de manière que les tuyaux s'y emboitent parfaitement, et les tubes sont posés bout à bout en laissant aux joints une largeur de 0^m 003 à 0^m 004. L'ouvrier poseur se tient sur le sol, au haut de la tranchée, et souvent, pour assurer la continuité du conduit, les tuyaux sont enfilés dans un mandrin cylindrique, en bois ou fer, qui en maintient une certaine quantité dans une position fixe. On entoure alors le conduit de terre ou autant que possible d'argile, que l'on dame fortement; on retire le mandrin et l'on achève le remplissage de la tranchée avec les déblais qui en proviennent.

Quand des tassements inégaux sont à craindre, on consolide les joints avec un court manchon en terre cuite, percé de trous, qui favorise la filtration tout en rendant solidaires les tubes ainsi ajustés. Pour obtenir le même résultat, on a inventé une machine où le fil d'archal qui coupe les tubes, suit un calibre qui fait opérer cette section en S couchée, ou en bec de flageolet, de telle sorte que, dans la pose, les tubes deviennent jusqu'à un certain point solidaires, et sont moins sujets à se déranger. On a aussi imaginé plusieurs autres dispositions dans le même but; mais elles augmentent toutes assez notablement la dépense du drainage; aussi n'en parlerai-je point.

Lord James Hay, de Seaton, dans le comté d'Aberdeen, y a introduit, depuis quelques années déjà, une sorte de tuyaux pour drain, ayant la forme d'une tuile creuse soudée à sa sole, et que l'on obtenait par un mélange de bonne chaux, de sable fin et de gravier, amenés à l'état de bouillie, ou pâte liquide, dans les proportions suivantes : 36 litres de chaux en fragments, pour 90 litres de sable et 44 litres de gravier; par le foisonnement, le mélange donnait 288 litres environ de pâte servant à la confection de 120 tuiles. Jetée dans les moules, cette pâte arrivait assez rapidement à une consistance suffisante pour que les tuyaux pussent être disposés sur des planches où ils acquéraient dans un temps assez court, et selon l'état de l'atmosphère, la dureté nécessaire. Un mouleur, servi par quatre aides, pouvait fabriquer par jour 5,000 de ces tuyaux. Il paraît néanmoins que ce procédé n'est pas très économique, aussi est-il peu répandu.

La pente des drains à tuiles ou tuyaux peut être extrêmement faible. M. Stephens donne pour limite 0ᵐ 555 par kilomètre, et M. Parkes, comme il a été dit plus haut, 0ᵐ 25 par kilomètre seulement.

Ce qui a été dit, à l'article des drains à empierrement, sur la profondeur et l'espacement à donner aux tranchées, s'applique d'une manière absolue aux drains à tuiles et à tuyaux. Je ne reviendrai donc pas sur ce point.

On conçoit facilement comment l'eau s'introduit et s'écoule dans les drains à empierrement, mais on comprend moins bien comment fonctionnent les drains à conduits en tuiles ou en tuyaux, et surtout ces derniers, qui sont entourés la plupart du temps d'une couche d'argile très compacte, et qui ne présentent pas d'autre entrée à l'eau que leurs joints répétés de 38 en 38 centimètres. L'expérience démontre cepen-

dant que ce mode d'action est complet et tout à fait efficace :
on peut d'ailleurs s'en rendre compte , en considérant que
toute molécule d'eau qui se trouve dans le sous-sol est solli-
citée, par sa pesanteur, à s'ouvrir un passage dans la direction où elle rencontre le moins d'obstacle, c'est-à-dire vers
le fond du drain. Quant à la quantité d'eau qui entre ainsi
dans les tuyaux , si l'on considère un tube à section ovoïdale
ayant 0m 38 de longueur, 0m 05 de largeur et 0m 07 de hauteur, la circonférence, c'est-à-dire la longueur du joint, aura
un développement de 0m 19, et comme la largeur du joint
est au moins de 0m 003, il s'en suit que chaque joint présente
une surface de 0m 00057. Mais un drain n'a pas plus de 183m
00 de longueur, c'est-à-dire 481 tuyaux de 0m 38, il présente
donc à l'entrée des eaux une surface de 0m 27 quarrés, qui
est certainement quatre fois plus grande que celle qui est nécessaire pour donner passage à l'eau affluente au drain.

9.º — Machines à fabriquer les tuiles, soles et tuyaux de drainage.

On a vu précédemment que ce qui a donné une si grande
prépondérance aux drains à conduits de terre cuite, en
tuiles ou en tuyaux, c'est l'application des machines à la
fabrication de ces matériaux, en ce qu'elle a permis de les
livrer à un prix très réduit.

Les propriétaires , les fermiers, les ingénieurs civils et
toutes les associations agricoles du Royaume-Uni sont, depuis cinq ans, occupés des questions relatives au drainage ;
l'émulation des fabricants de machines devait naturellement
être surexcitée par le désir de satisfaire aux vœux si généralement exprimés de perfectionner et de rendre économiques les moyens de drainage. Aussi existe-t-il en Angleterre
plus de douze modèles différents de machines à fabriquer
les tuiles et les tubes de drainage, tous construits par des
mécaniciens habiles, et la plupart ont obtenu des prix dans
différents concours agricoles.

D'après M. H. Stephens, les machines inventées jusque dans
ces derniers temps, pour la fabrication des tuiles et tuyaux
de drains, peuvent être divisées en deux classes : 1.º celles
qui compriment d'abord l'argile et la livrent sous forme de

nappe continue, au moyen de deux rouleaux à surface lisse, et la moulent ensuite sous la forme voulue, par une deuxième opération ; 2.º celles qui compriment l'argile en même temps qu'elles l'obligent à passer à travers un moule, de telle sorte que la tuile est formée par une seule et même opération. Les machines de la première classe ne donnent que des tuiles et soles, celles de la seconde classe fabriquent aussi bien des tuyaux que des tuiles et soles. Ces dernières peuvent être encore divisées en trois genres, savoir : A, celles qui, agissant sur l'argile au moyen de pistons, disposés horizontalement ou verticalement, animés d'un mouvement des va-et-vient, la forcent à traverser des diaphragmes ou moules reliés à des chambres fixes ou mobiles ; B, celles qui, après avoir comprimé l'argile entre deux rouleaux à table droite et lisse, la forcent à passer immédiatement à travers des moules qui lui font prendre une forme déterminée; C, celles qui, opérant la trituration et la compression de l'argile au moyen d'un arbre à palettes tournant dans une cuve, la forcent en même temps à passer à travers le moule qui la façonne sous la forme voulue.

M. Stephens donne la préférence à une machine de la seconde classe, genre B, construite par M. Ainslie d'Alperton. Elle consiste en deux rouleaux superposés, qui tournent en sens inverse au moyen de roues, pignons, volant et manivelle, en comprimant l'argile qui leur est livrée d'une manière continue et la forçant à passer à travers des diaphragmes qui la moulent et la livrent en ligne continue sous forme de tuile ou de tuyau indéfini. Cet appareil très simple est moins que tout autre sujet à dérangement, et son action constante dans une seule et même direction lui permet d'exécuter dans le même temps une quantité de travail plus grande qu'aucune des machines de même puissance, à mouvement alternatif. Il est aussi supérieur aux machines à piston, en ce qu'il livre des produits exempts de fissures et de trous dus à la force explosive de l'air comprimé, et dans un état de dessication déjà assez avancé, de sorte que le temps du séchage est abrégé et qu'ils sont moins sujets à se déformer sur les planchettes. On trouve deux modèles de cette machine, qui a été perfectionnée par M. Thackeray, chez M. Laurent, mécanicien à Paris ;

l'un coûte 600 fr. et l'autre 1000 fr. Ce dernier fonctionne en ce moment au Charmel, chez M. de Rougé ; avec six hommes pour préparer la terre et quatre pour faire marcher la machine, on fait régulièrement 5000 tuyaux de 0^m 38 par jour de travail de onze heures. On mélange trois quarts d'argile plastique, jaune ou verte, avec un quart de limon rouge. Une heure de travail débite 660 kilog. de terre préparée.

Cette machine a fabriqué au Charmel quatre espèces de tuyaux, savoir :

1re grosseur, 0^{m}125 de diamètre intérieur et 0^{m}020 d'épaisseur
2e —— 0 075 —— 0 014 ——
3e —— 0 050 —— 0 010 ——
4e —— 0 035 —— 0 009 ——

Le prix de ces tuyaux serait dans le commerce de 15 à 22 francs, ils reviennent à M. de Rougé à un prix probablement beaucoup moins élevé.

Parmi toutes les machines qu'il a vues en Angleterre, dans la mission qui lui fut confiée, en 1850, par M. le ministre de l'agriculture, M. Payen pense que la meilleure est celle de John Dovie, de Glascow. Elle est à double effet et à pistons rectangulaires alternativement poussés vers chacune des deux plaques à matrices, en sorte que l'on peut facilement charger l'une des auges pendant que l'autre se vide, sans qu'il y ait d'interruption dans le travail ; elle peut également servir à fabriquer les briques et carreaux, comme la machine d'Ainslie d'ailleurs. Les bâtis tout en fonte, montés sur roues, et toutes les pièces offrent une grande solidité. L'argile, après avoir passé dans le cylindre corroyeur, est dégagée, dans la machine même, des cailloux ou pierrailles, au moyen d'une grille. Cette machine a obtenu le premier prix au concours de la société d'agriculture d'Ecosse, le 1.er août 1850 ; le premier prix fut également accordé au fabricant de tubes qui l'employait. M. Dovie construit deux modèles : le plus grand emploie la force d'un quart de cheval. Il s'adapte aisément à un moteur mécanique quelconque, et se transporte au moyen de quatre roues fixées sous le bâtis. Mu par le renvoi d'une machine à vapeur ou d'un manège, et servi par un homme et deux femmes, ou deux enfants, cet appareil peut confectionner 10,000 à 12,000 tubes de 0ᵐ 05 en dix heures. Son prix, avec tous les accessoires, est de 875 fr. Le plus petit modèle, mû à bras (un homme et deux enfants), peut donner 5,000 à 8,000 tubes par jour; son prix, avec tous les accessoires, serait de 675 fr.

D'après M. Payen, les tubes de 0ᵐ 05 de diamètre intérieur et de 0ᵐ 35 de longueur, qui sont les plus généralement usités maintenant, coûtent, à fabriquer en Angleterre, y compris la cuisson, de 17 fr. 50 à 22 fr. 50, suivant le prix du combustible et de la main-d'œuvre. On peut les acheter dans les manufactures au taux de 19 à 25 fr. D'après M. Stephens, les tuyaux de 0ᵐ 051 de diamètre intérieur, sur 0ᵐ 381 de longueur, peuvent être livrés à raison de 22 fr. 50 le mille, et l'on peut obtenir à 18 fr. 75 ceux dont le diamètre est de 0ᵐ 0375; enfin, les tuyaux calibrés à 0ᵐ 025, et longs de 0ᵐ 305, sont offerts dans quelques localités de l'Angleterre au prix vraiment bas de 12 fr. 50 le mille.

En Belgique, d'après M. Lefour, inspecteur général de l'agriculture, on a donné la préférence à la machine de Sanders et Williams et à celle de Clayton, appareils de la seconde classe, genre A. Le gouvernement a fait confectionner un certain nombre de ces machines qu'il a prêtées à des tuiliers, quatre en Hainaut, deux dans la Flandre occidentale et deux en Brabant; les fabricants doivent les entretenir en bon état et s'engager à vendre les tuyaux à un prix qui ne dépasse pas 15 francs le mille, pour ceux de 0ᵐ 032 de diamètre. Cette machine coûte 400 francs en Angleterre; elle se fabrique en Belgique au prix de 250 à 300 francs. Elle fait par jour, de 2,500 à 3,000 tuyaux de 0ᵐ 30 de longueur. C'est un faible résultat comparé à celui d'autres machines.

En outre, le ministère belge a accordé une avance de 3,000 francs à un tuilier de Tubise, près Bruxelles, pour l'achat d'une machine de Clayton, la même qui existe aujourd'hui en France à la ferme-école du Camp. Une autre est également installée à Andennes, près Namur. Ces machines très-puissantes font jusqu'à 600 et 800 tuyaux à l'heure, ce qui permet d'en abaisser le prix.

D'après M. Mertens, les tuyaux de 0ᵐ 33 à 0ᵐ 34 de longueur coûteraient à Andennes :

A de 0,03 de diamètre, pesant   950 kil......... 15 fr.
B de 0,05   ——   1,100 kil......... 20
C de 0,06   ——   1,300 kil......... 25
D de 0,12   ——   7,200 kil......... 50

Les manchons pour tuyaux A, pèsent 450 kil. et coûtent 3 fr.
    ——   B, — 500 — 4
    ——   C, — 600 — 6

La machine de Clayton, à l'aide de trois ouvriers et d'un enfant, confectionne aisément à Andennes 600 tuyaux de 0^m 03 par heure, la terre étant préparée d'avance à l'état de pâte ; et pour redresser ces tuyaux, les enfourner, les défourner, les mettre en magasin, il faut deux ouvriers et trois enfants. Cette machine, frais de douane et de transport compris, peut revenir à 2,000 fr. rendue en France.

M. Bertrand, à Namur, vend 15 fr. le 1,000 des tuyaux, à section elliptique, de 0^m 03 de largeur sur 0^m 05 de hauteur, avec les manchons qui leur correspondent.

La fabrication des tubes présente, suivant les argiles ou les machines qu'on emploie, des difficultés qui demandent, pour être vaincues, l'habileté pratique d'un homme déjà un peu initié à l'art du briquetier. Certaines terres veulent être préalablement soumises à une opération qui en expulse les matières étrangères ; d'autres exigent que l'on écrase les pierres avec une machine à corroyer ou pétrin qui prépare la pâte. Les tubes doivent être exempts de trous, d'écornures ou de fentes qui pourraient laisser passer des matières terreuses et occasionner des engorgements. On peut les sécher à peu de frais dans des hangars recouverts en paille et disposés à l'abri des vents de l'Ouest. On les enfourne bien secs et debout pour éviter les déformations. Ils doivent subir une température suffisante pour assurer leur résistance à l'eau, et lorsque cette condition n'est pas suffisamment atteinte, on doit les replacer dans une autre fournée pour compléter la cuisson. Les fours ont besoin d'une disposition intérieure, qu'il est bon d'étudier, pour obtenir toujours une cuisson égale et économique.

On a parfois essayé les tubes sous une pression d'eau, et l'on a reconnu que les produits des bonnes machines, la terre et la cuisson étant d'ailleurs convenables, supportaient des pressions considérables, jusqu'à 30 mètres d'eau pour des tubes de 0^m 0375 de diamètre.

9.° — Obstacles accidentels à l'écoulement dans les drains.

Les drains sont quelquefois sujets à s'engorger : dans certaines terres où l'oxide de fer abonde, et qui sont assez nombreuses dans plusieurs contrées de l'Angleterre, les eaux égouttées dans les drains y ont porté des dépôts ocracés qui ont pu les obstruer. Cet accident s'est particulièrement manifesté aux tubes de petit diamètre (0^m 025 à 0^m 031). On est d'accord pour conseiller l'emploi, dans ce cas, de tubes ayant au moins 0^m 03, auxquels on donne le plus de pente possible en profitant des ondulations du terrain. Un exemple frappant de ce fait s'est produit dans les drains d'un domaine appartenant à sir Robert Peel.

Un autre accident a parfois arrêté assez promptement l'écoulement dans les drains, c'est l'introduction des racines d'arbres entre les joints : il se forme alors dans le tube un chevelu de racines tellement volumineux qu'il remplit la section et intercepte bientôt le passage de l'eau. On doit donc, comme il a été dit plus haut, éloigner les rigoles des arbres, qui sont souvent en bordures, ou arracher ceux-ci, quand ils avancent dans l'intérieur du champ à drainer : les haies, si généralement établies dans les prairies plus ou moins divisées, offrent moins de chances d'obstructions ; toutefois, elles nécessitent des précautions analogues à celles prises dans le voisinage des arbres en bordure.

10.° — Prix de revient du drainage.

Le prix de revient du drainage varie dans des limites assez étendues, suivant la méthode que l'on emploie, le prix des matériaux du conduit dans la localité et le degré d'humidité ainsi que la nature du sous-sol du terrain à assainir.

Néanmoins, pour chacune des méthodes à adopter, on peut donner des chiffres qui font voir combien cette opération est peu coûteuse, relativement aux résultats qu'elle produit. Il résulte d'expériences faites récemment par M. Wilson de Cumledge, que les frais d'un drainage par la méthode d'Elkington, pratiqué sur un sol de glaise rétentif, avec sous-sol également rétentif, où les tranchées avaient une profondeur de 1ᵐ 83 et des largeurs de 0ᵐ 76 au sommet et de 0ᵐ 41 au fond, et où le conduit consistait uniquement dans l'empierrement, sans aquéduc inférieur, se sont répartis de la manière suivante, par mètre courant : ouverture des tranchées, 47 centimes ; façon du conduit, 04 c.; fournitures des pierres à pied-d'œuvre, 1 fr. 14 c.; remplissage en terre et gros gravier, 10 c.; en tout 1 fr. 75 c. par mètre courant.

. Deux drainages à empierrement ordinaires, effectués à Ladyrigg par M. Roberton, ont coûté, l'un 301 fr. 30 c. par hectare, ou 30 c. par mètre courant, pour des tranchées de 0ᵐ 838 de profondeur et de 0ᵐ 178 de largeur au fond ; l'autre, 211 fr. 16 c. par hectare, ou 21 c. par mètre courant, pour des tranchées de 0ᵐ 711 de profondeur et de 0ᵐ 178 de largeur au fond : dans les deux cas , les drains étaient espacés de 9ᵐ 144 à 10ᵐ 973. Deux autres drainages du même système, effectués à Glenbervie par M. Stirling, sont revenus à 342 fr. 35 c. et 351 fr. 22 c., ou 20 et 22 c. par mètre courant, pour des drains de 0ᵐ 762 de profondeur et de 0ᵐ 127 de largeur au fond , espacés de 6ᵐ 096 seulement. Le prix de façon des tranchées a été, pour les deux premiers drainages, de 0 fr. 104, et 0 fr. 076, et pour les deux autres de 0 fr. 073 par mètre courant.

Pour le prix du drainage effectué à l'aide de tuiles et soles, M. Stephens donne différents chiffres, suivant l'écartement des drains. Ce système devant être abandonné prochainement, je ne m'y arrêterai point et je me contenterai de donner le renseignement suivant qui suffit pour faire apprécier les avantage économiques des drains à tuyaux.

Un drainage effectué à l'aide de drains de 0ᵐ 76 de profondeur, espacés de 4ᵐ 57, coûte par hectare :

Avec des drains à empierrement .... 539 fr. 76 c.
——   à tuiles et soles.......... 465   55
——   à tuyaux de terre cuite... 335   90

Ces prix, indiqués par M. Stephens, paraissent établis sur des bases certaines. On doit en tirer cette conclusion que n'étant pas obligés, comme les Anglais, de passer par toutes les phases de la science du drainage, nous devrons, en France, ne pas nous préoccuper des drains à tuilés et soles, et nous mettre immédiatement à fabriquer des tuyaux, qui seuls entreront en concurrence avec les empierrements; ces derniers ne devant être préférés qu'après un examen comparatif très approfondi et dans des cas tout à fait particuliers.

On a vu précédemment quel est le prix des tuyaux, en Angleterre et en Belgique, et à quel taux M. de Rougé fait fabriquer au Charmel ceux dont il se sert.

D'après M. Stephens, le prix d'ouverture des tranchées pour les drains à tuyaux de terre cuite est, par mètre courant, de 0 fr. 067 c. pour les drains de 0^m 76 de profondeur, 0 fr. 095 pour ceux de 0^m 91, o fr. 123 pour ceux de 1^m 07, et enfin 0 fr. 152 fr. pour les drains de 1^m 22 de profondeur.

En Belgique, les drains de 1^m 10 à 1^m 50 de profondeur sur une largeur de 0^m 40 à l'ouverture et de 0^m 08 au fond, sont ouverts, à la tâche, au prix de 0 fr. 07 le mètre courant; le placement des tuyaux se fait à la journée et revient à 0 fr. 01 le mètre, et le recouvrement à la bêche coûte en hiver 0 fr. 005, en été 0 fr. 01 le mètre. M. Leclerc, l'ingénieur du gouvernement, fait exécuter les drains de 1^m 20 de profondeur, larges de 0^m 40 à l'ouverture et 0^m 07 au fond, à raison de 20 c. le mètre cube de déblai, ou de 6 c. le mètre courant.

Au Charmel, on paie aux ouvriers 0 fr. 125 le mètre courant, pour ouvrir la tranchée et l'approfondir à 1^m 16 en moyenne.

D'après M. Payen, le drainage au moyen de tubes coûte, en Angleterre, 186 à 272 fr. par hectare, en supposant les drains profonds de 1^m 53 et espacés de 4^m 88. Mais le prix coûtant est moindre lorsque la disposition du terrain permet de faire aboutir les drains à un fossé ou ruisseau de sable perméable, sans recourir aux larges tubes (ou *main-pipes*), employés ordinairement pour recueillir les produits de l'écoulement de l'eau amenée par les petits tuyaux. Enfin le prix du drainage peut s'amoindrir encore, lorsqu'il suffit d'assainir par ce procédé une pièce de terre placée au milieu de terrains qui se trouvent convenablement égouttés par cette sorte de drainage central.

Suivant M. Lefour, les drainages effectués, jusque vers

la fin de 1850, en Belgique, ont été faits à des conditions moins onéreuses que celles qui ont été indiquées par les draineurs anglais.

Voici le devis d'un drainage fait par M. Claës pour trois hectares, sur une terre argilo-siliceuse, homogène, très profonde, avec des pentes très convenables aboutissant à une prairie; les drains étaient écartés de 11 à 13 mètres.

3,119 mètres de rigoles de 1m 25, sur 0m 40 de largeur à l'ouverture et 0m 07 au fond, à 7 centimes le mètre courant 218f 33c

7,800 tuyaux de 0m 05 à 19 fr. le 1,000 .... 148 20

1,700 tuyaux de 0m060 à 25 fr 42 50

500 tuyaux de 0m080 à 35 fr 17 50

Transport à pied d'œuvre et frais divers .... 80 »»

Total pour trois hectares 506 53

Soit pour un hectare 168 84

Un autre drainage a coûté, sur deux hectares, 158 fr., soit 79 fr. par hectare.

M. Mertens, qui a opéré des drainages sur 45 hectares, estime que cette opération, pour un hectare, lui revient en moyenne, avec des drains espacés de 10m, à 120 fr.; avec des drains espacés de 15m, à 80 fr.

11.º — Procédés divers employés pour le drainage en Angleterre.

Il existe encore en Angleterre un grand nombre d'autres procédés de drainage plus ou moins ingénieux; mais aucun d'eux n'est aussi répandu que ceux que je viens de décrire, aussi économique, aussi immédiatement applicable aux terrains du département de la Meuse. Je me contenterai donc de les énumérer, dans l'unique but de faire voir à quel point l'attention publique, dans le Royaume-Uni, est fixée sur cet ordre de travaux. Dans les tourbières de l'Irlande, il existe des drains simplement taillés dans le sol, sans l'addition d'aucun conduit, que l'on ferme avec les mottes de tourbe qui en ont été extraites, et que l'on a eu soin de couper d'une façon particulière avec des instruments appropriés à cet effet. Dans quelques parties de l'Angleterre on pratique de semblables drains dans les argiles fortes ; tantôt ils sont taillés à la bêche et recouverts par une motte de gazon *(sod-drain)*; tantôt l'ouverture des drains est faite avec un système de mandrins articulés *(plug-drain)*; d'autres fois l'ouverture est pratiquée avec une charrue particulière, ce sont les drains en coulée de taupes *(mole-drain)*; enfin on fait quelquefois les conduits avec des tubes en bois de pin *(larch-tub-drain)*; ou avec des fascines *(brushwood-drain)*, ou avec des briques *(bricks-drain)*.

12.º — Résultats financiers du drainage.

Dans la plupart des circonstances favorables, d'après M. Payen, le prix d'établissement du drainage peut être payé par l'accroissement du produit net d'une seule récolte obtenue sur des sols qui ne donnaient jusqu'alors que de mauvaises plantes herbacées : en tous cas, et sauf les causes éventuelles d'insuccès que l'on peut éviter facilement, les frais de premier établissement du drainage sont largement compensés, dans une foule de circonstances expérimentées en Angleterre, par un intérêt annuel à la charge du fermier qui, de son côté, gagne à cette amélioration un accroissement notable dans son revenu net.

M. Josiah Parkes, ingénieur consultant de la société royale d'agriculture d'Angleterre, et l'un des chefs du parti qui soutient le drainage profond, déclare qu'une augmentation de produit de un boisseau de blé par acre (89 litres 81 par hectare), suffit assez généralement et dans les cas ordinaires pour payer l'intérêt et l'amortissement des sommes absorbées par les travaux; il assure qu'il ne connaît pas d'exemples dans lesquels cette augmentation n'ait pas été obtenue, qu'il en connaît un très grand nombre dans lesquels elle a été décuplée, et qu'il en existe quelques-uns qui attestent une augmentation presque fabuleuse.

MM. Stephens et Thackeray citent aussi plusieurs exemples des effets presque merveilleux, on peut le dire, que dans certains cas a produits le drainage :

1.º Un champ contenant 54 acres d'Ecosse, a coûté, pour le dessécher, 7,583 fr., ou 114 fr. par acre. Le blé qu'on a récolté sur une partie de ce terrain a été vendu 275 fr., et les navets récoltés sur le reste ont produit 641 fr. 75 c. par acre. Le sol était argileux et dur, et loué en pâturage à raison de 25 fr. l'acre; mais en 1836, après avoir été desséché, chaque acre nourrissait au moins cinq brebis avec leurs agneaux.

2.° Un autre champ de 18 acres a coûté, pour le dessécher, 138 fr. par acre, une partie a produit pour 325 fr. de blé, une autre pour 493 fr. de pommes de terre, et le reste pour 525 fr. de navets par acre. La terre était couverte auparavant de joncs et de mauvaises herbes, et louée 15 fr. l'acre; mais en la louant pour pâturage, après l'avoir desséchée, M. Dalyrimple, son propriétaire, espérait en retirer 65 fr. par acre.

3.° Un fermier du comté de Lanark, en Écosse, qui avait fait dessécher la moitié d'un champ de quatre acres, et laissé l'autre moitié sans être desséchée, en 1838, planta le tout en pommes de terre. Il retira de la partie desséchée 1125 fr., tandis que l'autre ne produisit que 325 fr. par acre d'Écosse.

4.° M. James Howden, propriétaire dans le comté d'East-Lothiau, affirme par sa propre expérience que quand même le dessèchement coûterait jusqu'à 175 fr. l'acre (433 fr. l'hectare), de fortes terres humides desséchées à fond, rendront de 15 à 20 pour cent sur la dépense.

5.° L'expérience de M. Bell, sur les bons effets d'un dessèchement efficace, lui a donné en 1838, sur une récolte de navets, seize tonneaux et seize quintaux pour deux acres, tandis que la même étendue de terrain non desséché n'en a produit que six tonneaux et quatre quintaux par acre. En 1839, le produit de patates sur un terrain desséché fut de cent soixante-quinze quintaux par acre, tandis que celui du terrain non desséché ne fut que de soixante-dix quintaux.

6.° Enfin on cite un cas remarquable de dessèchement qui a eu lieu sur la propriété de lord Hatherthon, dans le comté de Stafford, en Angleterre. La terre y est légère, reposant sur un sous-sol d'argile dure. La totalité du terrain drainé offre une surface de cent quatre-vingt-neuf hectares trois ares; la valeur annuelle de ce terrain était de 6,091 fr.; la dépense du drainage a été de 37,868 fr. (soit 200 fr. par hectare), et la valeur annuelle du même terrain a atteint le chiffre de 17,236 fr., c'est-à-dire que le capital dépensé a produit 29 pour cent.

Pour terminer tout ce qu'il y a à dire sur ce point, je donnerai un extrait remarquable d'un discours adressé à la société agricole de Liverpool, en 1844, par lord Stanley, ministre des colonies en Angleterre :

« Quand je dis que sur la propriété de mon père (le comte
» de Derby), il a été fait l'année dernière, à ses frais, moyen-
» nant un intérêt de 5 pour 100 à la charge des fermiers qui,
» je le crois, ont reconnu avec satisfaction en avoir reçu et
» au-delà le bénéfice, environ 300 milles de tranchées (445
» kilomètres), et employé 1,500,000 tuyaux. D'après les dis-
» positions que j'ai recommandées à cet effet, les parties
» sont avantagées, le propriétaire reçoit un ample dédom-
» magement de sa dépense, il sait que le travail est fait
» d'une manière rationnelle ; et j'oserai m'en rapporter à la
» déclaration d'un des fermiers de cette propriété, si ce qu'il
» a payé de plus par arpent, pour avoir ses champs dessé-
» chés, ne lui a pas été remboursé et au-delà par le rende-
» ment annuel de la propriété. »

12. — Effets physiques produits par le drainage.

Ces résultats sont surprenants, mais l'on peut s'en rendre compte en étudiant avec soin l'action que le passage de l'air et de l'eau, en plus ou moins grande quantité, dans la couche de terre qui nourrit les plantes, peut exercer sur la végétation.

Voici succinctement, d'après M. Thackeray (*Observations sur le dessèchement et l'assainissement des terres*), les divers effets qui suivent, dans différentes localités, un drainage bien entendu de la terre :

1.º Il enlève toute eau stagnante, et donne à l'excès de ce qui tombe en pluie le moyen de s'écouler promptement ;

2.º Il arrête et évacue, avant qu'elles aient pénétré dans la couche alimentaire de la végétation, les eaux qui tendent à s'élever à la surface, soit par l'action capillaire, soit par l'effet des sources ;

3.º Il rend le sol beaucoup plus poreux, ce qui permet à l'eau et à l'air de le parcourir librement dans toute son épaisseur utile. L'eau, au lieu de couler simplement à la surface et souvent de la dégrader, y pénètre profondément et y dépose les principes fécondants qu'elle a enlevés à l'atmosphère, en même temps qu'elle entraîne les substances nuisibles qui pourraient s'accumuler dans les profondeurs du sous-sol ; l'air qui se trouvait dans le sol est déplacé, et il en entre de nouveau à la suite des eaux de pluies, ce qui renouvelle constamment celui des couches inférieures ;

4.º Le sol devient graduellement plus sec, plus doux, plus mou et plus friable. Les mottes dures des terres fermes disparaissent plus ou moins ; elles s'écrasent plus facilement, offrent moins de résistance à la charrue, et ces avantages constituent un vrai changement de sol. Cet effet remarquable a pu être parfaitement observé au Charmel. La terre était compacte, collante, poisseuse au pied ; elle formait un massif imperméable dont la surface ressemblait à un marais, ou plutôt à un vaste tas de mortier. Après cinq jours seulement de tranchées ouvertes dans une minime partie de la portion la plus basse et la plus humide, le terrain avait perdu toutes ces mauvaises propriétés ; malgré des temps diluviens, l'espace compris entre les tranchées était asséché, le sol s'était raffermi, et, là où quelques jours auparavant un homme ne pouvait passer, sans crainte d'enfoncer jusqu'à la cheville, un chariot attelé de deux chevaux amenait 700 tuyaux ;

5.º En même temps que cesse l'état permanent d'humidité, le refroidissement de beaucoup de sols disparaît rapidement aussi, et les récoltes du printemps et les moissons d'automne n'éprouvent plus ces longs retards auxquels elles sont sujettes dans les terres froides. On a constaté en effet que par suite du drainage qui a eu lieu dans la plus grande partie de l'Ecosse depuis vingt ans, les récoltes arrivent à maturité dix à quatorze jours plus tôt qu'anciennement ;

6.º La plus grande porosité du sol a pour effet d'enlever si rapidement l'eau des pluies, que la terre est en état d'être travaillée bientôt après que la pluie a cessé, et que par conséquent les semailles d'hiver ne sont plus retardées ou empêchées par les temps humides de l'automne ;

7.º Le niveau des nappes d'eau souterraines étant abaissé,

la couche alimentaire de la végétation prend une plus grande épaisseur, et les plantes, étendant leurs racines dans un lit sain, sec et plus profond, croissent en nombre et en qualité;

8.º Les engrais confiés au sol ne sont plus divisés à l'infini et rendus inertes par une eau stagnante, mais l'eau des pluies les dissout en quantité suffisante, et les distribue régulièrement dans tous les pores de la couche utile du terrain ;

9.º Enfin des observations faites par le docteur Wilson, sur l'état comparatif de la santé de la population agricole du district de Kelso, en Ecosse, pendant deux périodes de dix années, et publiées dans le *Quarterly journal of agriculture*, prouvent que le drainage a un effet très marqué sur la santé publique des contrées où il est appliqué en grand. Il résulte de ces observations que la fièvre intermittente qui constituait près de la moitié de toutes les maladies de la population pendant les dix premières années, a presque entièrement disparu dans les dix dernières, par suite de l'extension d'un drainage efficace dans tout le pays; tandis que le nombre comparatif des morts, sur cent cas d'indispositions graves, a diminué en même temps de 4 sur 6 à 2 sur 59.

En résumé, les avantages pratiques du drainage sont les suivants :

Il est équivalent non seulement à un changement de sol, mais aussi à un changement de climat, tant par rapport à la croissance des plantes, qu'à la santé de la population.

Il équivaut aussi à un accroissement de la profondeur du sol en enlevant l'eau et les ingrédients nuisibles qui empêchaient les racines de pénétrer dans les couches inférieures du terrain.

Enfin, c'est un préparatif nécessaire aux autres moyens utiles qu'on peut appliquer à la terre, en ce qu'il facilite l'action des engrais et tous les perfectionnements mécaniques de la culture.

14.º — Encouragements donnés en Angleterre et en Belgique aux travaux de drainage.

Si, malgré ce que je viens de dire, l'on doutait encore de l'immense utilité et de l'efficacité du drainage, il suffirait, pour achever de se convaincre, de considérer la haute importance qu'y attachent les gouvernements de l'Angleterre et de la Belgique, et le vif intérêt que cette opération commence à éveiller chez nous.

A partir de 1831 jusqu'à ce jour, c'est-à-dire pendant vingt ans, le gouvernement du Royaume-Uni a poursuivi avec une persévérance singulière l'application des procédés appropriés à l'aissainissement des terres, procédés dont les avantages avaient été mis hors de doute, dans ce pays, par une large et intelligente pratique de plus d'un siècle. Douze lois furent rendues pour propager, faciliter et réglementer cette opération, parmi lesquelles je citerai seulement les dernières et les plus importantes.

Le 28 août 1846, le parlement vota un *acte qui autorise des avances sur les deniers publics, à l'effet d'encourager l'amélioration du sol dans la Grande-Bretagne et en Irlande, par le moyen des travaux de drainage*. Le bill fixait à 75,000,000 de francs le chiffre des avances qui pouvaient être faites en bons de l'Echiquier, aux propriétaires et fermiers, sous la condition que dans aucun cas ces avances ne pourraient dépasser les deux tiers de la somme dépensée dans les travaux dont il s'agit et qu'elles seraient remboursées en vingt-deux ans, uniquement au moyen d'un intérêt de 6 1/2 pour cent par an. Voici le premier considérant qui a motivé d'une manière très remarquable cette grande mesure gouvernementale :

« Attendu que le drainage est de nature à accroître consi-
» dérablement la productivité et la valeur d'une grande par-
» tie du sol, dans la Grande-Bretagne et en Irlande ; attendu
» que l'extension donnée aux travaux de drainage a pour
» but de concourir au développement et à l'efficacité des tra-
» vaux agricoles, de tendre à prévenir les maladies et à
» améliorer la santé publique ; attendu qu'il importe de fa-
» ciliter les travaux de drainage par des avances sur les de-
» niers publics, jusqu'à concurrence d'une somme limitée et
» garantie sur les terres à améliorer, etc.... »

Dans les sessions de 1847 et 1848 le parlement compléta et étendit son premier bill sur le drainage, et, dans la session de 1849, un bill qui porte la date du 1er août est venu exciter le *crédit privé* à faire des avances pour le drainage des terres, en assurant et en règlementant le remboursement de ces avances.

Enfin, dans la séance du 18 mars 1850, la chambre des communes admit, après un court débat, une proposition qui lui fut présentée par le chancelier de l'Echiquier, tendant à à autoriser les lords de la trésorerie à faire une nouvelle avance de 87,500,000 fr. pour le drainage et l'amélioration de la propriété agricole dans la Grande-Bretagne et l'Irlande.

Pour vulgariser les nouveaux procédés de drainage, le gouvernement belge a pris l'initiative sur le nôtre ; en 1849, il a envoyé en Angleterre un jeune ingénieur, M. Leclerc, qui a séjourné sur les propriétés des ducs de Bedford, de Devonshire et de Portland, où il a suivi les travaux d'hommes habiles dans la pratique de ces opérations. De retour dans son pays, M. Leclerc fut attaché à la division d'agriculture, et le gouvernement lui confia la mission de donner son concours à tous les propriétaires voulant effectuer des travaux de drainage, qui en feraient la demande officielle à l'administration. Il fut décidé en outre que les pétitionnaires n'auraient d'autres frais à payer à l'ingénieur du gouvernement que 2 fr. par lieue pour ses dépenses de voyage, et 6 fr. par journée de séjour sur le lieu des travaux.

Malgré ces facilités offertes aux draineurs, les demandes furent d'abord en petit nombre. Alors le gouvernement décida que les sociétés et les comices agricoles , qui voudraient faire expérimenter le drainage sur la propriété d'un de leurs membres associés, recevraient, sans aucun frais, le concours de l'ingénieur du gouvernement, les tuyaux de drainage et même les outils nécessaires, à la condition seulement que l'essai aurait lieu sur une petite surface (cinquante ares, par exemple), choisie de manière à mettre en évidence les résultats obtenus. En outre, le gouvernement fit traduire en français et en flamand le *Guide du Draineur*, de M. Henry Stephens ; enfin, il fit importer en Belgique plusieurs machines propres à la fabrication des tuyaux et divers outils de drainage. Ces machines, comme je l'ai dit précédemment, furent distribuées sur divers points du royaume, et une vingtaine d'assortiments d'outils furent déposés entre les mains de l'ingénieur pour être prêtés aux propriétaires.

Toutes ces mesures furent enfin couronnées de succès, et généralement les propriétaires et les cultivateurs les accueillirent avec empressement.

15.º — Mesures prises relativement au Drainage par le gouvernement français.

Tandis que l'Angleterre perfectionnait son sol par ces manœuvres hardies, la France s'en préoccupait à peine, trop facilement convaincue qu'elles n'étaient applicables ni à ses terres, ni à son climat, et que leur nécessité ou leur utilité étaient liées à l'humidité du sol et aux brumes du climat anglais. C'est une erreur que l'on sut reconnaître dans ces derniers temps et qu'il s'agit maintenant de réparer.

Aux premiers jours d'avril 1848, dans des conférences à l'école centrale des Arts et Manufactures, M. Dumas, qui avait pu, l'année précédente, observer sur place le drainage en Angleterre, développa cette grande opération dans ses détails, dans ses voies et moyens, dans son but et ses résultats déjà constatés et admis de l'autre côté du Détroit. Aussi le passage de cet illustre chimiste au ministère de l'agriculture et du commerce eut-il pour effet de diriger les idées de notre haute administration vers cet ordre important de travaux. M. Payen, membre de l'Institut, et M. Lefour, inspecteur général de l'agriculture, furent envoyés par le gouvernement, le premier en Angleterre, et le second en Belgique, pour étudier les procédés de drainage mis à exécution dans ces deux pays, et examiner la nécessité et les moyens de les propager en France; leurs Rapports, insérés au *Moniteur* du 13 octobre 1850, présentent des renseignements concordants de tous points, et des conclusions parfaitement motivées sur la nécessité d'introduire en France les nouvelles méthodes d'assainissement, et sur les résultats importants et certains que l'on peut en attendre.

A cette époque, la pensée de M. Dumas était de faire entrer largement le gouvernement français dans la voie que l'exemple de l'Angleterre a indiquée aux autres nations. Ainsi, lors du voyage que fit à Metz, en 1850, M. le Prési-

dent de la République, M. Dumas, alors ministre de l'agriculture et du commerce, eut avec les membres du bureau
du comice agricole de Metz un long entretien, qu'il termina
par ces paroles : « Vous allez recevoir une machine à fabri-
» quer les tuyaux de drainage. J'ai vu, dans la partie du
» département que j'ai traversée, beaucoup de terrains qui
» ont besoin d'être assainis. Je vous engage à vulgariser, le
» plus que vous le pourrez, l'opération du drainage. Le
» gouvernement est disposé à demander à la chambre légis-
» lative un crédit pour en favoriser le développement, en
» prêtant des capitaux aux propriétaires, comme cela a eu
» lieu en Angleterre. »

Ce projet ne fut pas mis à exécution, mais les nombreuses
allocations faites aux comices agricoles pour leur permettre
d'acquérir des machines à fabriquer les tubes de drainage
et les outils que réclament ces travaux, les expériences qui
se poursuivent dans plusieurs de nos instituts agricoles, et
enfin l'établissement de différentes machines à tuyaux dans
nos fermes-écoles, témoignent suffisamment de la haute sollicitude de notre gouvernement pour ces nouvelles méthodes
d'assainissement.

Le congrès central d'agriculture devait naturellement se
préoccuper aussi de cette grande question. En effet, dans sa
séance du 15 avril 1851, il adopta la résolution suivante :

« Le congrès, pénétré de l'importance du drainage, et
» voyant dans cette opération un heureux avenir pour l'agri-
» culture, réclame de nouveau l'attention du gouvernement
» sur une amélioration d'une si éminente utilité.

» Rappelant donc les vœux précédemment émis, il de-
» mande :

» 1.º Qu'il soit publié, au plus bas prix possible, un Ma-
» nuel pratique du drainage ;

» 2.º Que le gouvernement continue les encouragements
» qu'il a donnés au drainage par des subventions aux socié-
» tés agricoles pour l'acquisition de modèles d'instruments
» nécessaires aux travaux et notamment de machines à fa-
» briquer les tuyaux. »

Cette impulsion de notre gouvernement commence à se
propager activement chez nous. Le drainage est la question

à l'ordre du jour dans nos journaux, et nos sociétés d'agriculture, et plusieurs propriétaires parmi lesquels on peut citer M. du Manoir et M. de Rougé, ont expérimenté ou expérimentent en ce moment cette opération, le premier dans son domaine de Forges, près Montereau, le second au Charmel, département de l'Aisne, avec un succès qui, à ce qu'il paraît, dépasse toutes les prévisions.

Enfin, je ne puis mieux terminer ces indications sur l'opinion que l'on commence à prendre du drainage, en France, qu'en citant ces paroles de M. Payen :

« *Le drainage est l'une des plus grandes améliorations con-*
» *temporaines, à coup sûr, et peut-être l'une des plus grandes*
» *inventions de l'agriculture.* »

16.º — Ouvrages à consulter pour étudier le drainage.

Les publications faites en France sur le drainage ne sont pas très nombreuses ; je signalerai, pour la partie théorique du système, les suivantes :

1.º Une petite brochure intitulée : *Observations sur le dessèchement et l'assainissement des terres*, par M. Th.-J. Thackeray, (1846);

2.º *Philosophie et art du drainage*, par le même (1846); c'est un bon exposé du traité de Josiah Parkes.

Sur les drainages qui s'exécutent en Angleterre, en Belgique et en France, on fera bien de consulter :

1.º Le Rapport de M. Payen, membre de l'Institut, au ministre de l'agriculture et du commerce (*Moniteur* du 13 octobre 1850);

2.º Le Rapport de M. Lefour, inspecteur général de l'agriculture, au ministre de l'agriculture et du commerce. (Même numéro du *Moniteur*);

3.º Deux articles insérés dans le journal *l'Illustration*, numéros des 28 août et 4 septembre 1851, par M. Charles Gomard, délégué au Charmel par le congrès central du Nord.

Enfin, le meilleur ouvrage pratique existant en France aujourd'hui est le *Guide du draineur*, par M. Henri Stephens, traduit en 1850 par M. A. Faure, ingénieur civil. Cependant on fera mieux de prendre la traduction du même ouvrage, qui a été faite en 1851 par M. Fréd. d'Omalius, sous le titre de *Manuel de drainage*, attendu que ce volume a l'avantage de contenir, à la suite du Traité de Stephens, une excellente Notice sur le drainage, par M. J.-M.-J. Leclerc, ingénieur belge. Cet ouvrage est indispensable aux personnes qui ont l'intention de s'occuper de drainage, et l'on y trouvera tous les renseignements nécessaires pour mener à bonne fin cette opération assez délicate.

Outre ces publications, on signale encore, dans le *Journal d'Agriculture pratique*, année 1849, un fort bon article signé Naville, et l'on trouvera aussi des indications utiles dans le *Précis d'agriculture* de MM. Payen et Richard.

17.° — Application du drainage au département de la Meuse.

Le département de la Meuse présente une superficie totale de 623,110 hectares, qui se subdivise en trois parties, ainsi qu'il suit :

1.° Les terrains dont le genre actuel de culture ne s'oppose pas au drainage ont une surface de 424,338 hectares, savoir :

Terres labourables	344,641 hectares.
Prés	49,426
Vignes	13,250
Vergers, pépinières et jardins	6,120
Cultures diverses	12
Landes, pâtis et bruyères	10,889
Total	424,338

2.° Les terrains auxquels le drainage ne pourrait être appliqué qu'en changeant la nature actuelle de la culture ont une surface de 182,075 hectares, savoir :

Forêts domaniales	34,142 hect.
Bois communaux et particuliers	147,775 —
Oseraies, aulnaies, saussaies	158 —
Total	182,075 —

3.° Enfin les terrains auxquels, en raison de leur destination, on ne peut appliquer l'opération du drainage, offrent une superficie de 16,697 hectares, savoir :

Rivières et ruisseaux.....................   2,426 hect.
Etangs, mares, abreuvoirs, canaux d'irrig^{on}   2,465   —
Routes, chemins, rues, places publiques..   9,688   —
Carrières et mines........................   148   —
Bâtiments particuliers....................   1,639   —
Cimetières, églises, bâtiments publics.....   331   —

Total............. 16,697 —

Mais l'on conçoit que les terrains compris dans la première catégorie ci-dessus ne se trouvent pas tous placés dans des conditions qui en rendent l'assèchement nécessaire. L'examen attentif de ces terrains fait voir, en effet, que la surface totale des parties du sol dans lesquelles le drainage peut être employé avec un notable succès est inférieure à ce chiffre de 424,338 hectares, quoiqu'elle soit très considérable encore, comme on le verra tout à l'heure.

Considéré géologiquement, le sol du département de la Meuse est occupé presque en totalité par un lambeau de la grande formation jurassique, qui, sous la forme d'une vaste écharpe de 175 lieues de longueur, embrasse la partie centrale de la France, depuis les environs de Mézières et de Sedan, jusqu'à la Rochelle, en passant par Chaumont, Auxerre, Bourges, Châteauroux et Niort.

Si l'on jette un coup-d'œil sur l'excellente carte géologique de M. Amand Buvignier, on voit que, dans le département de la Meuse, les couches de l'étage jurassique s'adossent, au nord, contre la formation de transition des Ardennes, au sud-est contre la chaîne des Vosges, et qu'elles vont plonger, à l'ouest, sous le bassin de Paris, suivant une inclinaison qui varie de un à trois degrés environ. Les couches ont une épaisseur variable, mais généralement très considérable, et leur intersection avec la surface du sol divise le pays en une série de larges zônes, alternativement marneuses et calcaires, dont la direction générale, sensiblement parallèle à la direction moyenne du cours de la Meuse, de l'Aire, de l'Ornain et de l'Aisne, court du nord-ouest au sud-est.

Ces terrains sont identiques, dans leur composition, à ceux qui forment une grande partie du sol de l'Angleterre, et par conséquent l'on doit penser que le drainage, qui a amené dans la Grande-Bretagne de si immenses résultats, produira, dans le département de la Meuse, des améliorations, sinon tout à fait semblables, du moins très considérables.

L'inspection du sol confirme cette opinion.

L'aspect général du département présente des plateaux légèrement ondulés, coupés par des vallées d'érosion plus ou moins profondes, suivant l'importance du cours d'eau qui en occupe le fond, et dont les versants, doucement inclinés dans les zônes marneuses dont il vient d'être parlé, se relèvent suivant des pentes assez rapides, et sont souvent très abruptes dans les bandes calcaires et rocheuses. C'est dans ces derniers versants que se trouvent les nombreux vignobles du département, tandis que les flancs des vallées marneuses sont couverts de forêts, de terres arables ou de prairies. A part les grandes vallées de la Meuse, de l'Aire, de l'Ornain et de la Saulx, le fond des vallées de la plupart des cours d'eau du pays est occupé par des formations argileuses qui se relèvent en général sur une partie de la hauteur des versants. Ces formations sont couvertes de prairies que l'on peut faire jouir facilement du bienfait de l'irrigation, car presque tous les petits cours qui les traversent présentent des pentes assez fortes.

Ainsi les bandes formés par l'affleurement des couches marneuses à la surface du sol, ainsi que la plupart des vallées de second ordre des bandes calcaires, sont formées d'un sous-sol imperméable qui retient un excès d'humidité nuisible à la végétation des plantes utiles, et, par conséquent, ces terrains sont susceptibles de recevoir, par l'opération du drainage, de très notables améliorations.

Sous ce rapport, la surface totale du département peut être divisée en trois zônes principales qui courent toutes, comme il a été dit plus haut, dans la direction du nord-ouest au sud-est.

La zône orientale est bornée à l'est par une ligne partant de Souilly, passant par Stenay, Jametz, Saint-Laurent-sur-Othain, Pillon, Billy-les-Mangiennes, Etain, Saint-Jean-les-Buzy, et suivant à peu près la limite du département de la Moselle jusqu'à Rangéval ; à l'ouest, cette zône est limitée par les côtes de la Woëvre, dans toute leur étendue, depuis le département des Ardennes jusqu'à celui de la Meurthe, c'est-à-dire par une ligne partant de Beauclair, passant par Montigny-sur-Meuse, Milly-devant-Dun, Brandeville, Lissey, Réville, Ville-devant-Chaumont, Ornes, Moulainville, Haudiomont, Les Eparges, Hannonville, Vigneulles, Creue, Apremont, Girauvoisin, Gironville, Corniéville, et aboutissant aussi à Rangéval.

Tous les terrains de cette zône sont composés d'une argile tenace et compacte que les géologues nomment *argile d'Oxford*. Cette formation est entremêlée, à sa partie supérieure, de petits bancs rocheux qui alternent avec des lits d'argile d'autant plus puissants que l'on descend d'avantage, et, dans la partie inférieure, il y a plus de 200 mètres d'argile. Aussi ces terrains sont-ils très peu perméables : l'inspection seule de la carte le démontre d'ailleurs suffisamment, car on remarque que cette zône est entrecoupée par une multitude de cours d'eau qui se croisent dans tous les sens, et qu'elle contient presque tous les étangs du département.

Cette zône présente une surface d'environ 97,000 hectares, et comme la surface des terrains boisés est de 25,000 hectares environ, et celle des terrains non drainables de 3,000 hectares, en tout 28,000

On voit qu'il reste une superficie drainable de 69,000 hect.

C'est dans ces terres fortes de la Woëvre que le drainage sera le plus efficace, et qu'il produira à un haut degré les effets signalés précédemment, c'est-à-dire l'augmentation de la porosité et l'élévation de la température du sol, et, par conséquent, la régularisation de la culture, ainsi que l'augmentation et l'amélioration des récoltes.

La zône occidentale est bornée à l'ouest par la limite du département de la Marne, depuis Baulny jusqu'à la forêt de la Belle-Epine, près de Robert-Espagne, et à l'est par une ligne partant de Baulny, passant par Clermont, Auzéville, Froidos, Fleury, Nubécourt, Vaubecourt, Louppy-le-Petit, Varney, Robert-Espagne, et aboutissant à la forêt de la Belle-Epine.

La plupart des terrains de cette zône appartiennent aux

formations géologiques du *Grès vert supérieur* et du *Gault*, composées, la première, d'une roche siliceuse qui devient argileuse à sa partie inférieure ; la seconde, d'une série de couches d'argile alternant avec des bancs de sable relativement moins épais. Quoique moins imperméable que la zône précédente, celle-ci présente encore quelques étangs et un grand nombre de cours d'eau ; le sol y est presque partout rétentif, et l'on y rencontre beaucoup de parties marécageuses formées par la dénudation des couches argileuses.

L'opération du drainage y est donc encore nécessaire, et l'on est en droit d'en attendre les plus heureux résultats.

La superficie totale de cette zône est environ de.. 48,000 hect.

Celle des forêts est à peu près de 18,000 hectares, et celle des terrains non drainables de 1,000 hectares, en tout...................... 19,000

La surface drainable y est donc de........ 29,000 hect.

Enfin, la zône centrale, qui est la plus étendue, est limitée, à l'est, par une ligne partant de Villers-devant-Dun, passant par Aincreville, Brieulles-sur-Meuse, Dannevoux, Forges, Thierville, Récourt-le-Creux, Laheimeix ; Fresnes-au-Mont, Chonville, Void, Vaucouleurs, et venant toucher, au Roises, la limite du département des Vosges ; à l'ouest, elle est bornée par une ligne partant de Baulny, passant par Varennes, Parois, Dombasles, Deuxnouds, Amblaincourt, Erize la-Grande, Nicey, Lavallée, Vuilleroncourt, Marson, Mauvages, Delouze, Bonnet, Chassey, et aboutisssant à la limite du département des Vosges, en face de Neuville-aux-Bois.

Le sol, dans cette zône, est occupé presque en entier par les formations géologiques de *l'argile de kimméridge* et du *calcaire à astartes*, composées toutes deux de couches d'argile plus ou moins puissantes, séparées par des bancs rocheux dont le nombre et l'épaisseur sont plus grands dans le calcaire à astartes que dans les marnes kimméridgiennes. Cette surface ne contient que deux ou trois étangs, mais de nombreux cours d'eau la sillonnent, et les terrains qu'elle renferme sont en général assez peu perméables ; aussi n'est-il pas douteux que le drainage n'y soit applicable et n'y produise d'excellents effets.

La superficie totale de cette zône est de.... 127,700 hect.
Celle des terrains boisés est d'environ 36,000 hectares, et celle des terrains non drainables de 3,000 hectares, en tout................... 39,000

Il reste donc pour la superficie drainable un chiffre de.. 88,000

Outre ces trois zônes, il existe encore dans les environs de Montmédy, entre la limite septentrionale du département et une ligne passant par Inor, Brouenne, Quincy et Othe, un espace de terrain situé dans les marnes essentiellement imperméables de la partie supérieure de la formation géologique du *Lias*, auquel le drainage serait extrêmement utile.

Cet espace présente une surface d'environ.. 15,000 hect.
où il existe à peu près 3,600 hectares de bois et 400 hect. de terrains non drainables, en tout.. 4,000

La superficie drainable y est donc de........ 11,000

Enfin il faut encore ajouter aux chiffres précédents environ 8,000 hectares de terrains marneux, plus ou moins imperméables, situés dans un grand nombre des vallées des bandes calcaires et rocheuses, ou appartenant aux plaques de la formation *néocomienne*, que l'on rencontre dans les parties sud et sud-ouest de l'arrondissement de Bar-le-Duc.

Ainsi, en résumé, la superficie totale des terres dans lesquelles le drainage est susceptible de réaliser d'importantes améliorations est ainsi qu'il suit :

Zône orientale................... 69,000 hect.
Zône occidentale................ 29,000
Zône centrale................... 88,000
Environs de Montmédy.......... 11,000
Couches marneuses dans les vallées
   calcaires et dans la formation
   néocomienne de l'arrondissement
   de Bar...................... 8,000

En tout............ 205,000

Ce qui constitue tout près de la moitié de la surface totale cultivée dans le département.

Ce résultat fait voir à quel point l'industrie agricole, dans le département de la Meuse, est intéressée à la propagation des nouveaux procédés d'assèchement des terres. Il est donc à désirer que les grands propriétaires du pays, imitant l'exemple des propriétaires les plus riches et les plus intelligents de l'Angleterre, des ducs de Portland, de Buccleugh, de Bedford, de Devonshire, du marquis de Tweedale, de lord Stanley, de lord James Hay, de sir Robert Peel, de sir James Graham (ministre de l'intérieur), etc...., se décident à tenter des expériences dont les résultats auraient certainement pour effet de donner au drainage une impulsion qui le rendrait en peu de temps populaire dans notre pays.

Ces expériences, comme je l'ai dit dès le début de cette Notice, peuvent être faites avec la plus grande facilité sur un espace de terrain très restreint, c'est-à-dire sur un, deux ou trois hectares convenablement choisis, sans que le succès de l'opération soit notablement amoindri, de sorte que les frais du travail peuvent être renfermés dans des limites tout à fait arbitraires.

Les couches marneuses, qui affleurent dans un si grand nombre d'endroits, et sur de si vastes étendues, ainsi que l'abondance du combustible, donneront de grandes facilités pour la fabrication des tuyaux, et l'on n'aura à recourir aux drains à empierrement, qui sont généralement dispendieux, que dans des circonstances tout à fait spéciales.

L'exécution des travaux de nivellement qu'il sera prudent de faire dans un grand nombre de cas, avant le tracé des tranchées, ne peut être non plus un obstacle sérieux; avec la multitude d'agents de la grande et de la petite voirie, répandus sur tous les points du département, un propriétaire sera toujours à portée de faire effectuer ces opérations sans notable déplacement, et par conséquent à très peu de frais, par un homme habile dans ce genre de travail.

Je regarde comme très probable que, d'ici à quelques années, nous aurons en France des draineurs de profession qui, munis de tout le matériel nécessaire et accompagnés d'un personnel exercé, parcourront les départements et entreprendront sur marché, comme en Angleterre, des travaux de dessèchement considérables. Mais pour cela il est nécessaire que des expériences directes viennent convaincre les propriétaires de l'efficacité des nouvelles méthodes, et il n'est pas douteux que si ces essais sont soigneusement faits dans les zônes que j'ai indiquées précédemment, ils ne donnent des résultats qui conduisent immédiatement leurs auteurs à appliquer ce mode d'amélioration à de vastes étendues de terrain, en profitant des lumières qu'ils auront acquises par la pratique, et sans emprunter aucun secours étranger.

Mais dans l'état extrême de morcellement où se trouve la propriété, dans notre pays, ces essais ne sauraient être faits sans l'assistance et la haute protection de l'administration qui, d'ailleurs, ne peut rester étrangère à une aussi importante question.

Afin de faciliter et propager le drainage dans le département, il suffit de prendre les mesures nécessaires pour que les agriculteurs puissent se procurer facilement, à peu de frais et immédiatement, les tuyaux et manchons en terre cuite des différents calibres nécessaires, ainsi que les assortiments d'outils inventés pour ce genre de travail, et qui réduisent si notablement la dépense de l'ouverture des tranchées et de la façon du conduit.

Dans ce but, il faudrait qu'il existât dans chacun des arrondissements de Bar et de Verdun, une machine à fabriquer les tuyaux, et dans le chef-lieu de chacun des sept comices agricoles du département, deux assortiments d'outils. On choisirait, pour les machines, celles à cylindres, grand modèle, d'Ainslie d'Alperton, perfectionnées par M. Thackeray, et que M. Laurent vend 1000 fr. C'est une machine de ce genre qui fonctionne en ce moment avec succès chez M. de Rougé, au Charmel, et qui, mue par quatre hommes, fabrique 5000 tuyaux de 0^m 38 de longueur, par journée de travail de onze heures. Ces appareils, confiés au comice agricole de l'arrondissement, seraient, par lui, prêtés, comme en Belgique, à un bon tuilier de la localité, sous la condition de les entretenir en bon état, et de livrer les tubes à des prix dont le taux maximum serait fixé par le comice, suivant les différents calibres. Quant aux assortiments d'outils, ils seraient aussi confiés aux comices et prêtés comme modèles aux propriétaires qui voudraient effectuer des drainages, afin qu'ils pussent en faire confectionner de semblables dans la localité la plus voisine du lieu des travaux.

La dépense de ces machines et outils serait en totalité de 2504 fr., comme il suit :

Deux machines à cylindres, grand modèle, à 1000 fr. l'une, ci.. 2000

Quatorze assortiments d'outils à 36 fr. l'un, ci...... 504

Total................... 2504

Et ces frais seraient couverts par une allocation que le gouvernement ne refuserait probablement point ; car, en 1850, le comice agricole de Metz a reçu, sur les fonds de l'Etat, une allocation de 1000 fr. pour le même objet; toutefois, si l'allocation du gouvernement ne suffisait pas, il est à présumer que le conseil général consentirait à parfaire sur les fonds départementaux la somme nécessaire.

Tels sont les faits et les idées que je crois devoir présenter à l'examen des propriétaires, des agriculteurs et des comices agricoles du département.

Ces faits émanent de sources authentiques et ils me paraissent dignes d'attirer toute l'attention des personnes qui s'occupent d'agriculture. Quant aux conséquences que j'en ai déduites et à l'application que j'ai faite des théories sur le drainage, bien que j'aie cherché à me mettre en garde contre l'exagération qui entraîne souvent, à leur insu, les partisans d'un système nouveau, si j'ai commis quelques erreurs, elles peuvent être facilement rectifiées par les hommes qui ont une connaissance un peu approfondie de la nature du sol et de la culture dans le département de la Meuse.

NOTE.

Depuis que ces lignes ont été écrites, j'ai eu sous les yeux une lettre de M. du Manoir, en date du 31 décembre 1851, dont on m'a permis d'extraire les passages suivants: « Rien n'est plus facile que d'établir le drainage, et » j'en fais tous les ans autant que je puis me procurer de tuyaux. Fort bon

» marché quand on les fabrique soi-même, ces tubes reviennent fort
» cher quand on les achète, et il est difficile de les transporter à une
» grande distance. Je les fais revenir de Paris par eau (le parcours est
» d'environ 20 lieues) et j'en perds beaucoup. » .... « Une bonne
» occasion se présente : le ministre de l'agriculture vient d'écrire qu'il
» délivrerait des machines pour fabriquer les tuyaux et des instruments de
» drainage; tâchez d'en obtenir, car ce mode d'assainissement est infailli-
» ble et l'on ne peut en trouver de moins dispendieux. Je ne fais pas le
» drainage aussi rapproché que l'indiquent les Anglais, mais suffisant
» seulement pour rendre ma terre cultivable par tous les temps. On
» m'écrit que tous mes tuyaux anciens, ainsi que les plus nouveaux,
» placés il y a quinze jours, ont donné un écoulement abondant jusqu'à
» la gelée. »

TABLE.

———

———

Bar. Imprimerie de Numa ROLIN.